高职高专"十二五"规划教材

航空法规

赵　林　主编
程　颖　主审

化学工业出版社
·北京·

航空法规是一门系统介绍与民用航空有关的法律规范的学科，是民航飞行、空乘等专业的一门专业基础课程。本书内容包括绪论、我国加入的5大国际公约、国际标准和建议措施、航行服务程序、国内航空法律、国务院关于民用航空的行政法规、中国民用航空规章等。使学生了解国际民航组织和中国民航关于空中航行、航空人员管理、机场管理、营运、防止非法干扰、搜寻救援和事故调查等与民用航空有关的法规，熟悉乘务员国家职业标准，掌握法规间纵向和横向联系，为学习其他专业课程做铺垫，为以后在工作中正确理解和执行有关航空法规奠定坚实基础。

本书可作为高职高专、中职航空类专业的教学用书，也可作为航空行业的培训教材。

图书在版编目（CIP）数据

航空法规/赵林主编．—北京：化学工业出版社，2014.1（2023.8重印）
高职高专"十二五"规划教材
ISBN 978-7-122-19195-3

Ⅰ.①航…　Ⅱ.①赵…　Ⅲ.①民用航空-航空法-高等职业教育-教材　Ⅳ.①D993.4

中国版本图书馆CIP数据核字（2013）第286866号

责任编辑：旷英姿　陈有华　　　　　　文字编辑：李　瑾
责任校对：边　涛　　　　　　　　　　装帧设计：王晓宇

出版发行：化学工业出版社（北京市东城区青年湖南街13号　邮政编码100011）
印　　装：北京科印技术咨询服务有限公司数码印刷分部
787mm×1092mm　1/16　印张11　字数251千字　2023年8月北京第1版第8次印刷

购书咨询：010-64518888　　　　　　　　　　售后服务：010-64518899
网　　址：http://www.cip.com.cn
凡购买本书，如有缺损质量问题，本社销售中心负责调换。

定　　价：25.00元　　　　　　　　　　　　　　　　　版权所有　违者必究

前言 FOREWORD

我国自 2001 年加入 WTO 以来，航空事业获得了蓬勃发展，对航空服务类人才的需求也逐年增多。航空服务专业作为一个新兴的专业在我国高职院校逐步开设，并迅速发展起来。国家也积极扶持高职院校航空服务专业的建设。2006 年 12 月以来，开始有以航空服务专业为重点的专业群被列入国家示范性高等职业院校建设方案之中。因此，有必要针对高职航空服务专业撰写适合该专业学生特点的《航空法规》教材。

本书为高等职业院校教材，面向航空服务专业学生，因而在编写宗旨、中心内容、编写方式上都充分考虑了该专业学生的显著特点。按照目前国家提倡的教育教学改革指导方针，高职教学宜采取项目驱动、任务导向的教学方法，因此在编写体例上有所尝试和考虑。本书在编写过程中充分考虑了课程培养目标、学生的知识基础及行动能力，为以后学生在工作中正确理解和执行有关航空法规奠定坚实基础。本书在法律法规选编、审稿等阶段得到了中国东方航空集团公司王益友、程颖等老师的指导和帮助，是校企合作的真正体现，提升了教材的实用性、科学性和前沿性。

本书第一篇系统介绍了国际和国内航空法体系，重点介绍了"空气空间的法律地位、航空器的法律地位、航空人员的法律地位"。内容包括绪论、我国加入的 5 大国际公约、国际标准和建议措施、航行服务程序、国内航空法律、国务院关于民用航空的行政法规、中国民用航空规章等；第二篇选编了部分国际航空法规；第三篇选编了部分国内航空法规；第四篇选择了一些影响民航活动的法律法规。通过学习本课程，使学生了解国际民航组织和中国民航关于空中航行、空中交通管理、航空人员管理、适航管理、机场管理、营运、防止非法干扰、搜寻救援和事故调查等与民用航空有关的法规，熟悉本专业相关规定，熟悉民航乘务员国家职业标准，掌握法规间纵向和横向关系，为学习其他专业课程做好铺垫。为方便教学，本书配有电子课件。

本书可供高职高专、中职航空类专业教学使用，也可作为航空行业的培训教材。

本书由湖南都市职业学院赵林主编，中国东方航空集团公司程颖主审。本书第一、第二篇由赵林编写，第三篇由赵林及青岛外事服务学校袁峰编写，第四篇由湖南都市职业学院王钟编写，全书由赵林统稿。本书在法规搜集和资料整理过程中，得到了湖南都市职业学院广大老师和学生的帮助，在此一并表示感谢。由于作者水平有限，书中疏漏之处在所难免，敬请专家和读者不吝赐教。

编者

2013 年 11 月

目录

民航法规

第一篇 航空法规导读 — Page 001

- 第一节 绪论 — 001
- 第二节 芝加哥体系 — 009
- 第三节 民用航空组织及其技术规范 — 016
- 第四节 华沙体系、航空刑法体系 — 025
- 第五节 航空器 — 034
- 第六节 航空人员、民用机场 — 040
- 第七节 空中航行 — 050
- 第八节 搜寻援救、事故调查 — 056

第二篇 国际航空法规选编 — Page 062

1. 国际民用航空公约 — 062
2. 关于在航空器内犯罪和某些其他行为的公约 — 079
3. 关于制止非法劫持航空器的公约 — 084
4. 关于制止危害民用航空安全的非法行为的公约 — 087

第三篇 国内航空法规选编 — Page 097

1. 中华人民共和国民用航空法 — 097
2. 中华人民共和国民用航空安全保卫条例 — 121
3. 民用机场管理条例 — 125
4. 搜寻援救民用航空器规定 — 134
5. 中国民用航空危险品运输管理规定（CCAR—276）— 138
6. 民航乘务员国家职业标准 — 151

第四篇
影响民航的其他法律法规 161

1. 进出口飞机、机员、旅客、行李检查暂行通则 161
2. 关于民用机场土地使用和管理有关问题的通知 162
3. 机场周围飞机噪声环境标准 163
4. 航班延误经济补偿指导意见 164
5. 飞行员辞职事件中的法律问题 166

参考文献
170

第一篇 航空法规导读

总体要求

1. 了解航空法的发展简史和表现形式。
2. 熟悉国际航空法的三大体系。
3. 熟悉国内航空法规三级机制。
4. 熟悉中国民用航空法的主要内容。
5. 了解中华人民共和国飞行基本规则的地位和作用。
6. 了解国务院下发的有关民用航空的行政法规的作用。
7. 熟悉民航局制定行业规章的依据和作用。
8. 了解航空法规间的纵向和横向关系。
9. 了解学习航空法规对保证飞行安全的重要意义。
10. 掌握专业主要法规的框架内容。

第一节 绪论

教学要求

1. 了解航空法的发展简史。
2. 理解航空法的定义、特征。
3. 熟悉航空法涉及的范围及作用。
4. 掌握航空法规国际和国内体系及其相互间的作用。

航空的出现和发展,产生了个人与个人、协作者之间、管理机构之间以及国家与国家之间的复杂的社会关系。就民用航空而言,它主要是一种经济活动。航空科学技术,航空企业以及为航空服务或有关的经济部门已组成一国经济结构中的重要门类,这必然要求建立与之相适应的法律制度,以保障并促进民用航空事业的发展。由此决定了航空法作为一种法律门类,航空法学作为一门新的独立学科的存在价值。

一、航空法定义

航空法是调整因民用航空和与民用航空有关的活动而产生的各种社会关系的法律规范的总称。

早期各国航空法学者,为概括表述航空法的特征与实质,对航空法所下定义主要有三类:

① "航空法是一套关于飞机、空中航行、航空商业运输,以及由国际国内空中航行引起的,公法或私法的全部法律关系的国内国际规则"。

② "航空法是一套支配由航空活动引起的或经其修改的制度与法律关系的,公法与私法,国际与国内的原则与规范"。

③ "调整空气空间的利用,并使航空、公众和世界各国从中受益的一套规则"。

我国的航空法学者赵维田先生从常识性角度认为:"航空法是一套调整人类航空活动中各种法律关系的规则体系。"

从上述观点可以得出,航空法是作为国际法和国内法的有机组成部分,兼跨公法和私法,并以民用航空活动为主要调整对象的法律规范的总称。

二、发展简史

航空法的发展分为萌芽、活跃、不断成熟与完善的三个时期。

1. 萌芽时期(1783~1914年)

在第一次世界大战以前,人类的航空活动基本上处于实验阶段。当时的热气球、滑翔机、简易飞机的各种性能还不稳定和成熟,除执行军事使命外,还谈不上作为运输工具运送旅客、货物和邮件。这个时期,各国尤其是英法两国在国内做了一些立法,但不系统,还谈不上成套规则。但航空活动的每一次进步都为后来航空法的颁布奠定了基础。

1783年,历史上最早的航空活动——法国蒙特高尔夫(又译蒙特哥尔非)兄弟发明了第一个载人气球。法国巴黎警方第二年就颁布命令,规定凡从事气球飞行必须事先获得批准。

1785年,蒙特高尔夫式热气球由人驾驶,成功飞越了英吉利海峡。

1849年,历史上最早的空袭——奥地利人把定时炸弹挂装在热气球上,袭击威尼斯。

1855年,出现了第一个重于空气的非机动飞行器——滑翔机。

1889年,法国政府邀请欧洲19个国家在巴黎召开第一次讨论航空法的国际会议,由于各国对航空法的一些基本问题意见分歧,这次会议及以后几次会议未产生任何成果。

1902年,在国际法学会的布鲁塞尔年会上,法国著名法学家福希尔提出了人类第一步航空法典的建议草案——《浮空器的法律制度》。

1903年,美国的莱特兄弟成功地飞起一架有动力装置的重于空气的航空器——飞机。

1904年,前苏联在其领空击落了德国的热气球——领空主权的保护。

1910年,欧洲19国又聚集巴黎,讨论制定国际航空立法问题,但因对空气空间的法律地位（即：是航空自由还是领空主权?）的问题不能达成一致意见，未有成果。

由此可见，航空活动的发源地在欧洲。

2. 活跃时期（1914～1944年）

在第一次世界大战（1914～1918年）中，飞机作为一种有效的作战工具或武器，大显神威。受到战争刺激，各国纷纷投入科技力量对飞机性能做了大幅度地提高和发展。以英国为例，1914年战争刚爆发时仅有军用飞机12架，到1919年战争结束时已拥有22000架飞机。各国从航空技术的进步中认识到飞机作为一种新型的运输工具，具有无限的发展前途。同时，战争的实践也对航空国际法律制度上统一认识起了重要的推动作用。战后，随着民用航空发展前景的逐渐明朗，推动了国际航空立法的第一次革命，这个时期的国际航空文件，为后来的国际航空发展奠定了良好的基础。

1916年，未参与一战的美洲大陆各国，在智利首都圣地亚哥举行的泛美航空会议上通过了一套原则，即关于"对领土之上的空气空间拥有主权，航空器必须具有国籍，应涂有本国标记，美洲国家飞机在美洲国家间可自由航行"。

1919年初，第一个国际定期航班——巴黎往返布鲁塞尔定期国际航班开通；同年，巴黎-伦敦定期国际航班开通；欧洲各国首都之间的国际定期航线已建立起来；横跨大西洋的航空已实验成功；世界上最早的经营国际民用航空运输的航空公司——荷兰皇家航空公司（KLM）成立，迎来了国际航空业的早春。

1919年，在战后的巴黎和会上，顺利地制定了第一个国际航空法典——《关于管理空中航行的公约》（通称"1919年《巴黎公约》"），在航空法发展史上具有开元性的重要地位。以英法为代表，主要涉及"领空主权、无害通过权、航空器国际原则、驾驶人员合格证、空中规则"。成立了国际空中航行委员会（ICAN），它是今天国际民航组织（ICAO）的前身。

1925年，以欧洲为主的43国在巴黎举行第一次航空私法国际会议，这次会议产生了"航空法专家国际技术委员会"（CITEJA），相当于现在国际民航组织的"法律委员会"。

1926年，西班牙由于不满巴黎公约中的某些规定，拉拢20个拉丁美洲国家，另行签订了一个《利比里亚——美洲航空公约》，其基本规则与《巴黎公约》雷同。

1928年，美国也因对巴黎和会不满，与美洲国家签订了《泛美商业航空公约》（通称"《哈瓦那公约》"），除商业权利方面稍为详细外，其他基本规则与《巴黎公约》雷同。

1933年在罗马制定了《统一关于飞机对地（水）面第三者造成损害的某些规则的公约》（通称"1933年《罗马公约》"）。加入的国家一直比较少，只有36个，多为欧洲国家，且英国、美国、前苏联、加拿大等航空大国未批准，此公约不太成功，我国未加入。

3. 不断成熟与完善时期（1944年至今）

第二次世界大战把人类的航空科学技术推向一个更高的新阶段。美国在战争中的有利地位，使其一跃成为航空超级大国，取代了战前以欧洲为中心的局面。战后，美国在航空科学和制造远程飞机的能力不论在数量上还是质量上都处于绝对领先地位。

1944年，二战虽未结束但已是胜利在望，为规划战后必然会大发展的国际民用航空事业，美国总统罗斯福出面邀请55个同盟国和中立国出席1944年11月1日至12月7日在芝加哥召开的第一届国际民航会议，52个国家的代表出席了会议。1944年12月7日会议结束时,签订了《国际民用航空公约》(通称"《芝加哥公约》")以及两个附属性文件,该公约是当今国际民航的宪章性文件。但德意日等"轴心国"无资格参加,前苏联因不满某些中立国而没有派代表出席。

1948 年,《关于国际承认对飞机权利的公约》(通称"1948 年《日内瓦公约》"),加入的国家一直比较少,只有 48 个,多为欧洲国家,且英国、美国、前苏联、加拿大等航空大国未批准,此公约不太成功。我国未加入。

1952 年,在罗马制定了《外国航空器对地(水)面第三方造成损害的公约》(通称"1952 年《罗马公约》",该公约生效后,1933 年的《罗马公约》自动废止)。加入该公约的国家一直比较少,只有 36 个,多为欧洲国家,且英国、美国、前苏联、加拿大等航空大国未批准。由于该公约不太成功,我国未加入。

1955 年《海牙议定书》、1961 年《瓜达拉哈拉公约》、1966 年《蒙特利尔协议》、1971 年《危地马拉议定书》、1975 年四个《蒙特利尔议定书》,修改补充《华沙公约》。

1963 年 9 月 14 日在东京签订《关于在航空器上犯罪及其某些行为的公约》(通称"1963 年《东京公约》")。

1970 年 12 月 16 日在海牙签订《制止非法劫持航空器公约》(通称"1970 年《海牙公约》")。

1971 年 9 月 23 日在蒙特利尔签订《制止危害民用航空安全的非法行为公约》(通称"1971 年《蒙特利尔公约》")。

之后的 30 年,国际航空法的发展进入相对稳定和停滞阶段。

1999 年《蒙特利尔公约》与 1929 年《华沙公约》同名,意欲合并"华沙体系"前 9 个文件,暂未生效。

三、航空法的表现形式

航空法的表现形式主要包括:国际条约、双边协定、国内法及法院判例、国际法的一般原则和国际惯例以及具有一定法律效率的其他文件。

1. 国际条约

国际条约是实现统一国际规则的主要形式,国际条约以国际公约为主。民用航空方面有 30 多个国际公约,有的已经失效,正在生效并普遍使用的有三大体系共五大公约。三大体系是指芝加哥体系、华沙体系、航空刑法体系;五大公约是指《芝加哥公约》、《华沙公约》、《东京公约》、《海牙公约》和《蒙特利尔公约》。议定书作为对公约的修改补充文件,也是一种重要的国际条约。

2. 双边协议

第二次世界大战(简称二战)后,以《芝加哥公约》、《华沙公约》等公约为指导,签订了近 2000 个双边协议,交换过境权和营运权,签订航路、运力和运费价格,这些协定有其共性规则和模式。

3. 国内法及法院判例

各国按照其加入的国际条约的基本原则并结合本国实际颁布的国内法,是航空法的重要组成部分。

各国对国际法中的某些条款的解释与适用，常常要参照该国国内法。例如，在国际航空刑法领域，公约只规定哪些行为构成犯罪、何国有刑事管辖权、应不应该起诉，至于取证、量刑、判处等一系列实体法程序法问题，各国则依照本国刑法和刑事诉讼法来进行。

各国法院的判例，表明了该国对国际法中的某些条款的解释与适用，具有一定的参考价值。

4. **国际法的一般原则和习惯国际法**

航空法作为国际法的一个门类，要受到国际法一般原则和习惯国际法的制约。联合国宪章，国际法中有关条约法的规则，对航空法同样适用。如：条约的缔结、批准、生效、修改、加入、退出、解释等规则，以及条约的继承等问题。

国际法中与航空法有密切关系的姊妹学科，如海洋法、海商法和外空法中的许多规则被借鉴到航空法中。

在国际条约中没有明确的内容，一旦形成国际惯例，也具有一定的法律效率。

5. **其他**

《芝加哥公约》赋予国际民航组织理事会的准立法权——通过"国际标准与建议措施"并将其作为公约的附件。虽然18个附件是执行公约条款的技术性细节，但其中有些是重大的法律问题。

国际航空运输协会（IATA），虽是各国航空公司之间的行业组织，却具有半官方地位，它所通过的决议，经有关国家批准生效后就成为重要的法律文件。

四、航空法的特征

航空法具有国际性、综合性、民用性和平时性四大特征。

1. **国际性**

航空法的国际性源自人类航空活动的天然国际性。航空器速度快，对航空活动的发源地欧洲来说，中小国家林立，飞机一小时就能穿越几个国家（与公路和水上交通有重要的差别），如果不用国际统一的法律规则，而是用各国千差万别的国内法，航空活动势必障碍重重、寸步难行。为保证国际空中航行、商业运输以及其他航空活动安全、迅速、经济和便利地进行，各国对于航空活动的各项规定应尽可能的统一起来，国际航空法是统一的结果。

国际上，国土广大的国家屈指可数，对于美国、前苏联、加拿大、印度以及我国来说，虽然国内航空活动具有重要价值，但航空法的国际性仍然是不可忽视的。最明显的例证是制止劫机等航空犯罪问题必须求助于国际立法。

因此，各国必须履行所缔结的国际条约，并在国内立法中加以确认。

我国民航的国内法规体系就是以国际民航五大公约、国际标准和建议措施（《国际民用航空公约》18个附件）为蓝本，在符合我国宪法和法律的前提下，结合我国的实际而逐步完善的。

2. **综合性**（囊括公法与私法）

公法是指协调国家之间的法律规范。传统的国际法指国际公法，即协调国家之间的法律规范。

就航空活动而言，首先要解决的是公法问题，诸如主权、领土、国籍、国家关系等。《芝加哥公约》、《东京公约》、《海牙公约》和《蒙特利尔公约》都属公法性质。

而就国际私法而言，传统的称作"法律冲突法"，即一国国内法中的涉外民法（即通过国际条约各国承担在私法某些领域中实行统一规则）。

民用航空活动还应解决私法问题，诸如财产权利、损害赔偿、合同法、侵权行为法等。在这些问题上，各国法律规则差别巨大、冲突突出。因此，国际上采取统一原则和规则是国际航空运输的前提条件，1929年《华沙公约》是解决这种差别与冲突的典型成功之作。

3. **民用性**

航空法不涉及一切航空活动，而只涉及与民用航空有关的活动。航空法不能约束国家航空器。

《芝加哥公约》第三条规定："本公约仅适用于民用航空器"，而不适用于"用于军事、海关和警察部门的国家航空器"。（其他公约都有类似规定）

《中国民用航空法》第五条"本法所称民用航空器，是指除用于执行军事、海关、警察飞行任务外的航空器"。（其他航空法文件中也有类似规定）

用于运送国家元首或政府首脑的专机以及各种负有国家特种使命的航空器也被认为是国家航空器（《国际航空法》59~60页）。

4. **平时性**

航空法不能约束战争时期的民用航空活动，无论其为交战国或中立国。航空法不能约束如遇宣布其处于紧急状态的缔约国。

五、航空法规体系

航空法调整对象是与民用航空有关的活动。涉及范围：领空主权、航空器国籍、航空器适航、航空器权利、人员执照、运输凭证、赔偿限额、空中规则、空中交通服务、通信气象导航保障、搜寻援救、事故调查、航空犯罪、海关移民检疫等。

1. **国际航空法**

（1）公约　公约是国际航空法的第一层次，由缔约国缔结，对签字国具有法律效力，是国际航空法中法律级别最高也是最重要的部分。

但公约不是国家法制上的法律，缔约国政府批准了某公约则享有该公约规定的权利并承当相应的义务，如果不批准或退出某公约，则不享有该公约规定的权利也无需承当相应的义务。

迄今在航空法方面制定的国际公约共计36个，其中有的已经被新的公约所取代，有的因签字国数量太少而不具有真正的"国际法"意义。我国加入的有关民用航空的五大公约情况如表1-1所示。

表 1-1 我国加入的有关民用航空的五大公约

缔结时间	公约全名	公约简称	K	L/M	N
1944 年 12 月 7 日	《国际民用航空公约》	《芝加哥公约》	26 个	30 天	12 个月
1929 年 10 月 12 日	《统一国际航空运输某些规则的公约》	《华沙公约》	5 个	90 天	6 个月
1963 年 9 月 14 日	《关于在航空器上犯罪及其某些行为的公约》	《东京公约》	12 个	90 天	6 个月
1970 年 12 月 16 日	《制止非法劫持民用航空器的公约》	《海牙公约》	10 个	30 天	6 个月
1971 年 9 月 23 日	《制止危害民用航空安全的非法行为公约》	《蒙特利尔公约》	10 个	30 天	6 个月

注：公约缔结与生效的一般程序为"缔结公约——超过一定数量（K 个）签字国政府批准后的一定时期（第 L 日）起正式生效——在收到后续加入国政府批准书后的一定时期（第 M 日）起对该国生效——在收到某国政府退出通知书后的一定时期（第 N 日）起对该国失效"。不同的公约其 K、L、M、N 数值各不相同。

（2）国际标准与建议措施 《芝加哥公约》赋予国际民航组织理事会关于制定、通过和修改"国际标准与建议措施"的准立法权，将 18 个方面的"国际标准与建议措施"列入《芝加哥公约》，即构成该公约的 18 个附件。《芝加哥公约》的附件具有准法律效力。

航空服务程序（PANS）、手册、指南比"国际标准与建议措施"更详细，更具有操作性的细节描述。航行服务程序、手册、指南等较之公约和附件更具有可操作性，尽管它们不像公约和附件那样具有法律效力，但其以详细的技术细节和良好的操作性而成为世界各国民航部门制定技术规范的主要参考。

2. 我国航空法

我国民航的国内法规体系是以国际民航五大公约、国际标准和建议措施（《国际民用航空公约》18 个附件）为蓝本，在符合我国宪法和法律的前提下，结合我国的实际而逐步建立和完善的。

我国国内航空法由法律、行政法规、行业规章三级构成。在第三篇详细介绍。

六、航空法规的作用

1. 维护领空主权

从国家安全和航空权益出发，维护国家领空主权是航空法的主要任务。例如：

《国际民用航空公约》第一部分第一章第一条："缔结各国承认每一国家对其领土之上的空气空间有完全的、排他的主权"。

《中国民用航空法》第一章第一条："为了维护国家的领空主权和民用航空权利，保障民用航空活动安全和有序地进行，保护民用航空活动当事人各方的合法权权益，促进民用航空事业的发展，制定本法。"

《中国民用航空法》第一章第二条："中华人民共和国领土和领水之上的空域为中华人民共和国领空。中华人民共和国对领空享有完全的、排他的主权。"

2. 确保飞行安全

我国民航工作的总方针："保证安全第一，改善服务工作，争取飞行正常。"这里的"保证安全第一"是以保护领空主权为前提的。

执照管理、适航管理、机场管理、飞行规则、航空安全保卫、反对非法干扰等绝大多数法规都体现了确保飞行安全的原则。

3. 促进航空运行畅通

遵守统一的规则和标准，以保证提高效率和经济效益。

4. 保护民用航空活动当事人各方的合法权益，促进民用航空事业的发展。

七、法律及航空法规之间的关系

（1）宪法是国家的根本大法——国内民航法律不能与之冲突。

（2）《中国民用航空法》——我国民用航空的母法。

（3）刑法、民法等国内涉及民航条款——民用航空法正常实施的保障。

（4）国务院颁发的行政法规——约束与民航有关的部门。

（5）《中华人民共和国飞行基本规则》——国家空中航行法——统一全国飞行。

（6）与军队系统的协调——以适应国防建设需要。

（7）调整国内法使之与所缔结的国际法相适应：

《芝加哥公约》——国际民用航空器的宪章；

调整刑法、刑事诉讼法条款——以适应航空刑法三个公约（《东京公约》、《海牙公约》及《蒙特利尔公约》）；

调整民法条文——以适应华沙体系；

调整民航法律——以适应《芝加哥公约》等五大公约；

修改行业规章（CCAR）——以适应"国际标准和建议措施"。

八、学习航空法规的意义

航空的出现和发展，尤其是国际民用航空运输的快速发展，各国对于领空主权、飞行安全、空中航行的有效与正常、航空权益、经济利益等诸方面急需进行规范和统一，航空法由此而产生并不断完善。

航空法的宗旨是为了"维护国家领空主权和航空权益、维护空中航行秩序，保证飞行安全、促进民用航空发展、合理使用空域、协调各航空保障部门的工作、治理民用航空，促进国际合作"。

我国加入了国际航空法三大体系的五大重要的国际公约，公约的规定以及有关的国际标准和建议措施在我国是通过"中国民用航空法、国务院下发的有关民用航空的行政法规、民航总局颁布的行业规章"等形式加以体现和贯彻。系统学习航空法规，了解其历史，理解其渊源，掌握航空法规体系间的关系，明白我国在国际法中所享有的权利和义务，理解"航空法规是用血和生命换来的"深刻哲理，为今后在航空活动中按"章"办事、自觉遵守航空法规打下基础，从而达到减少飞行冲突、保证飞行安全、提高运行效率和经济效益、促进民用航空事业的健康发展之目的。

第二节 芝加哥体系

教学要求
1. 了解《国际民用航空公约》产生的背景和宗旨。
2. 熟悉《国际民用航空公约》的基本内容。
3. 理解航空主权原则包含的五层含义。
4. 熟悉《国际航班过境协定》规定的2种空中自由。
5. 了解《国际航空运输协定》规定的5种空中自由。

民用航空法的三大体系是指芝加哥体系、华沙体系、航空刑法体系。

1. 芝加哥体系

芝加哥体系主要由《芝加哥公约》(《国际民用航空公约》)及其附件以及与公约相关的《国际航班过境协定》、《国际航空运输协定》组成。

其中,《芝加哥公约》(《国际民用航空公约》)及其附件涉及国际民用航空的各个领域,加入国家最多,是当今国际民用航空法的宪章。

2. 华沙体系

华沙体系以《华沙公约》及(8个)修订补充文件组成(1955年《海牙协定书》、1961年《瓜达拉哈拉公约》、1966年《蒙特利尔协议》、1971年《危地马拉议定书》、1975年四个《蒙特利尔议定书》)。

它规定了国际航空运输中有关机票、行李票、航空货运单、赔偿限额等民事方面的规则。

3. 航空刑法体系

航空刑法体系包括1963年《东京公约》、1970年《海牙公约》、1971年《蒙特利尔公约》和1988年《蒙特利尔议定书》共四个文件。它规定了有关制止空中犯罪、劫持飞机、破坏航空器及危害民用航空安全的规定。

我国加入了以上三大体系的五大公约。国际上还有许多关于民用航空的公约,但因其不具有普遍性或我国未批准或已经废止,本节不做介绍。

一、《国际民用航空公约》缔结背景

1944年12月7日签订于芝加哥,并于1947年4月4日生效的《国际民用航空公约》(统称《芝加哥公约》),内容几乎涉及民用航空领域的各个方面,是国际航空法的基础和宪章性文件。目前已有185个国家批准或加入了该公约,它制定的法律原则和规则已具有普遍国际法效力。

每年 12 月 7 日为世界民航日。

二、《国际民用航空公约》概要

宗旨（见国际民用航空公约序言）

除序言外，《国际民用航空公约》共分"空中航行、国际民用航空组织、国际航空运输、最后条款"四大部分，这四大部分又细分为 22 章共计 96 条，主要内容可概括为：承认各国对其领空享有完全的排他的主权；对定期航班和不定期航班的权利；空中航行有关事项；国际民航技术标准和建议措施；成立国际民航组织；国际航空运输等。为便于讲解和考虑专业学习需要，本教材按主权原则、航空器及其国籍、统一规则与方便航行、国际民用航空组织分别介绍此公约。

三、主权原则

关于"空气空间的法律地位"，早在 1919 年《巴黎公约》签订之前，国际法学界就存在着两种截然相反的观点：英国为代表的"领空主权论"，法国和德国代表的"航空自由论"。

《巴黎公约》最早承认领空主权原则。在第一次世界大战中，几乎所有国家（包括荷兰、瑞士等中立国）都不允许外国飞机擅自飞入或飞越本国领空。由于一战的影响，在 1919 年巴黎和会上缔结的第一个国际航空法典——《关于管理空中航行的公约》（《巴黎公约》），在第一条中就将领空主权宣布为一条习惯国际法规则。

美国、荷兰推行航空自由论。美国在第二次世界大战中的有利地位使得其在飞机数量和性能上超过欧洲而处于世界领先地位，美国政府意识到大战后该国的民用航空必将领先于世界；荷兰一直致力于民用航空运输的发展，荷兰皇家航空公司（KLM）是世界上第一家国际航空运输企业，所以出于本国商业利益考虑，当时美国、荷兰及少数北欧国家极力推行航空自由论。

在第二次世界大战即将结束时签订的 1944 年《芝加哥公约》在第一条引用了《巴黎公约》提出的主权原则："缔结各国承认每一国家对其领土之上的空气空间具有完全的和排他的主权"。但是，《芝加哥公约》没有采用《巴黎公约》中的"无害通过"原则，而是以同一天另行签订的《国际航班过境协定》（通称两种航空自由）、《国际航空运输协定》（通称五种航空自由）作为弥补，满足那些承认或部分承认航空自由的国家需要，美国、荷兰为代表的航空自由论国家与英国等主张领空主权论的国家各自作出了让步。

1. 领空

领空是指领土之上的空气、空间，包括领陆和领水。

本公约所指一国的领土，应该认为是在该国主权、宗主权、保护或委任统治下的陆地区域及与其邻接的领水。

（1）领空的水平边界　领陆+12 海里领海。领海的范围借鉴"海洋法"的规定，其最早的范围是 3 海里，随着武器的发展，各国考虑国家安全需要，逐步修订为现在的 12

海里。按现代国防要求，12海里远远不够，军事上另有限制军事飞行的其他规定。

（2）领空的垂直边界　众说纷纭，争议不休，至今尚未解决。主要有以下五种主张：

① 以靠空气为依托的飞机最高飞行高度为界，一般距地（水）面32~40千米；

② 以不靠空气为依托的人造地球卫星运行轨道最低点为标准，一般约100~110千米；

③ 以无空气存在的自然条件为标准，高度约为16000千米；

④ 以地球离心力取代空气作飞行动力的高度，据物理学家冯·卡曼测算约为83千米；

⑤ 以地球引力为准。1976年12月3日，哥伦比亚、刚果、厄瓜多尔、印尼、肯尼亚、乌干达、扎伊尔和巴西等八个赤道国家发表了"波哥大宣言"，申明它们对距离地面35817千米高度的"地球静止轨道"拥有主权。其理由：地球静止轨道是地球引力形成的。

由于在缔结1919年《巴黎公约》和1944年《芝加哥公约》时，人类尚未进入外空时代，所以公约中尚未明确领空的上限。一般认为以100~110千米为上限比较有说服力。短时期内，这个问题对航空法与外空法的实施与发展并不构成大的障碍，因此国际上并不急于作出定论。

领空的形状是一个以地心为顶点的锥体。

2. 完全的和排他的主权（自保权、管辖权、管理权、支配权）

（1）飞入或飞经别国上空的限制

① 国家航空器。经批准才能进入它国领空。非民用航空器，未经特别协定或许可并遵照其中规定，不得在另一缔结国领土上空飞行或在此领土上降落。

② 非商业性不定期飞行。自由与限制并存。一切非商业性不定期飞行，在遵守本公约规定的条件下，不需要事先获准，有权飞入或飞经其他缔结国领土而不降停，或作非商业性降停，但飞经国有权令其降落。为了飞行安全，当航空器所欲飞经的地区不得进入或缺乏适当航行设施时，缔约各国保留令其遵循规定航路或获得特准后方许飞行的权利。

③ 商业性不定期飞行。受"国内运载权"限制。航空器如为取酬或出租而载运乘客、货物、邮件但非从事定期国际航班飞行，在遵守有关"国内运载权"规定的情况下，亦有上下乘客、货物或邮件的特权，但上下地点所在国有权规定其认为需要的规章、条件或限制。

④ 定期航班。签订双边协定，交换过境权、运载权。经一缔约国特准或其他许可并遵照此项特准或许可的条件，可在它国领土上空飞行或进入该国领土。

（2）不妨害本国安全的规则

① 空中禁区、限制区（第九条）。缔约各国由于军事需要或公共安全的理由，可以一律限制或禁止其他国家的航空器在其领土内的某些地区上空飞行，但对该领土所属国从事定期国际航班飞行的航空器和其他缔约国从事同样飞行的航空器，在这一点上不得有所区别。此种禁区的范围和位置应当合理，以免空中航行受到不必要的障碍。一缔约国领土内此种禁区的说明及其随后的任何变更，应尽速通知其他各缔约国及国际民用航空组织。

在非常情况下，或在紧急时期内，或为了公共安全，缔约各国也保留暂时限制或禁止航空器在其全部或部分领土上空飞行的权利并立即生效,但此种限制或禁止应不分国籍适用于所有其他国家的航空器。

缔约各国可以依照其制定的规章,令进入上述第一款(空中禁区)或第二款(空中限制区)所指地区的任何航空器尽速在其领土内一指定的机场降落。

② 货物限制(第三十五条)。从事国际航行的航空器,非经一国许可,在该国领土内或在该国领土上空时不得载运军火或作战物资。缔约各国为了公共秩序和安全,保留管制或禁止在其领土内或领土上空载运其他物品的权利(如毒品、走私等)。

③ 检查(第十六条)。缔约各国的有关当局有权对其他缔约国的航空器在降停或飞离时进行检查,并查验本公约规定的证件和其他文件,但应避免不合理的延误。

④ 指定航路和起降机场(第六十八条)。缔约各国在不违反本公约的规定下,可以指定任何国际航班在其领土内应遵循的航路和可以使用的机场。

⑤ 其他(第八条、第三十六条)。任何无人驾驶而能飞行的航空器,未经一缔约国特许并遵照此项特许的条件,不得无人驾驶而在该国领土上空飞行。缔约各国承允对此项无人驾驶的航空器在向民用航空器开放的地区内的飞行加以管制,以免危及民用航空器。

缔约各国可以禁止或管制在其领土上空的航空器内使用照相机。

(3) 遵守当地国法律的规则(第十条至第十三条) 在设关机场起降便于进行海关和其他检查。

在遵守本公约各规定的条件下,一缔约国关于从事国际航行的航空器进入或离开其领土或关于此种航空器在其领土内操作或航行的法律和规章,应不分国籍,适用于所有缔约国的航空器,此种航空器在进入或离开该国领土或在其领土内时,都应该遵守此项法律和规章。所有外国航空器都应遵守当地关于航空器飞行和运转的现行规则和规章。

一缔约国关于航空器的乘客、机组或货物进入或离开其领土的法律和规章,如关于入境、放行、移民、护照、海关及检疫的规章,应由此种乘客、机组或货物在进入、离开或在该国领土内时遵照执行或由其代表遵照执行。

(4) 航空器遇险救助、失事调查 对航空器遇险救助,主持事故调查也是对主权的体现(第二十五条、第二十六条)。

(5) 刑事管辖权(《芝加哥公约》未作规定) 刑事管辖权是一国领空主权的重要表现形式。但遗憾的是,对于飞入或飞经本国的航空器上发生的民事或刑事行为的管辖权问题,该公约未作任何规定,直到1963年以后才由航空刑法的三个公约进行了补充。

3. "完全的和排他的主权"与人类生命安全

(1) 击伤、击毁民用航空器典型事例

① 1952年4月26日,法国航空公司从法兰克福飞西柏林航线,在飞经20英里❶宽的空中走廊时偏航,被前苏联战斗机攻击,5名旅客受伤(2名重伤),飞机最终安全降落。

② 1955年7月27日以色列艾尔奥尔航空公司从伦敦经巴黎、伊斯坦布尔飞以色列的

---

❶ 1英里=1609.344米,全书余同。

国际航空客机，在飞经希腊与保加利亚边界地区时，偏航入保境，被保加利亚两架战斗机击落，51名旅客和7名机组人员全部殒命。

③ 1973年2月21日利比亚波音727客机从黎波里飞开罗，迷航误入埃及与以色列交界的以方占领区内，被以色列战斗机击落，机上108人遇难。

④ 1983年9月1日，纽约至汉城（现在为首尔）的韩国KE007航班（B747-200B），经停安克雷齐，起飞不久就向北偏离第20号航道500英里飞越库页岛上空。该地区是前苏联空军基地，被前苏联防空部队误认为是间谍飞行而将其击落，机上269人（旅客240人，机组29人）全部遇难。

⑤ 1988年7月3日，伊朗航空公司空客A-300在霍尔木兹海峡上空被美国巡洋舰击落，298人死亡。

(2) 修订《芝加哥公约》并增加第三条分条——保护民用航空器的安全　修改后的《芝加哥公约》第三条分条：

① 缔约各国承认，每一个国家必须避免对飞行中的民用航空器使用武器，如拦截，必须不危及航空器内人员的生命和航空器的安全。此一规定不应被解释为在任何方面修改了联合国宪章所规定的各国的权利和义务。

② 缔约各国承认，每一国家在行使其主权时，对未经允许而飞越其领土的民用航空器，或者有合理的根据认为该航空器被用于与本公约宗旨不相符的目的，有权要求该航空器在指定的机场降落；该国也可以给该航空器任何其他指令，以终止此类侵犯。为此目的，缔约各国可采取符合国际法的有关规则，包括本公约的有关规定，特别是本条第一款规定的任何适当手段。每一缔约国同意公布其关于拦截民用航空器的现行规定。

③ 任何民用航空器必须遵守根据本条第二款发出的命令。为此目的，每一缔约国应在本国法律或规章中作出一切必要的规定，以便在该国登记的、或者在该国有主营业所或永久居所的经营人所使用的任何航空器必须遵守上述命令。每一缔约国应使任何违反此类现行法律或规章的行为受到严厉惩罚，并根据本国法律将这一案件提交其主管当局。

④ 每一缔约国应采取适当措施，禁止将在该国登记的、或者在该国有主营业所或永久居住的经营人所使用的任何民用航空器肆意用于与本公约宗旨不相符的目的。这一规定不应影响本条第一款或者与本条第二款和第三款相抵触。

4.《芝加哥公约》与航空自由

在1944年芝加哥第一届国际民航会议上，以英国等多数到会国家为代表的"领空主权论"与以美国、荷兰、北欧等少数国家为代表的"航空自由论"展开了激烈的争论。最终，"缔约各国承认每一国家对其领土之上的空气空间具有完全的和排他的主权"写入了《芝加哥公约》的第一条。

会议通过两种途径作出了让步以满足那些崇尚航空自由论的国家需要：①公约第五条"对不定期飞行的权利"体现了领空主权下的航空自由；②1944年12月7日，在缔结《芝加哥公约》的同时，部分国家缔结了《国际航班过境协定》和《国际航空运输协定》。

(1) 两种航空自由——《航空航班过境协定》。两种航空自由是指：

① 不降停而飞越其领土的权利；
② 非商业性降停权利。

至 1994 年底，共有 101 个国家加入该协定，我国暂未加入。国际民航组织正在敦促世界上更多的国家加入该协定，以保证民用航空的运行畅通。我国加入 WTO 后，未来加入该协定是必然趋势。

（2）五种航空自由——《国际航空运输协定》 五种航空自由是指：
① 不降停而飞越其领土的权利；
② 非商业性降停的权利；
③ 卸下来自航空器国籍国领土的旅客、货物、邮件的权利；
④ 装载前往航空器国籍国领土的旅客、货物、邮件的权利；
⑤ 装卸前往或来自任何其他缔约国领土的旅客、货物、邮件的权利。

前两种航空自由与《国际航班过境协定》相同，后三种自由对民用航空相对落后的国家来说冲击很大。至 1994 年年底，仅 11 个国家加入该协定（玻利维亚、布隆迪、哥斯达黎加、萨尔瓦多、埃塞俄比亚、希腊、洪都拉斯、利比里亚、巴拉圭、荷兰、土耳其），美国开始批准、但于 1946 年 7 月 25 日退出，瑞典 1945 年批准、1982 年退出，我国未加入。《国际航空运输协定》签订的国家较少，不具有普遍的国际效力。

四、统一规则与方便航行

《芝加哥公约》根据主权原则在规定一系列国家权利的同时，也规定了一系列相应的国家义务，以实现对各国国家权利的制约，并在此基础上力求统一国际原则，方便国际航行。

1. 遵守国际统一标准

航空活动的国际性决定了国际空中航行规则应尽可能统一，避免或减少各国国内法之间的差异或冲突。统一国际空中航行的各种规则是《芝加哥公约》的主旨之一。

公约赋予国际民航组织理事会的准立法权：通过国际标准与建议措施，并将此种标准与措施称为公约的附件，要求各缔约国统一遵照执行。

附件是《芝加哥公约》体系的一部分，是世界各国制定本国民用航空规章的技术基础。

缔约国若不能完全遵照执行，应立即向理事会通知差异；如果任何缔约国在附件修改之后，对其本国规章或措施不能作相应修改，应于国际标准修改后 60 天内通知理事会，或表明它拟采取的行动，理事会应立即将此种差异通知所有缔约国（参见公约第十二条、第三十七至四十二条、第五十四条，有关附件的详细内容见本书第三节）。

2. 无差别对待原则

各缔约国根据主权权利对航空器施加的条件或限制，应对本国和外国，本国与外国航空器、航空企业一视同仁，实行无差别对待。公约第七条、第九条、第十一条、第十五条、第三十五条都强调了这一原则。

3. 便利空中航行的措施

该措施主要是指制定相关的简化手续和便利措施。

（1）简化手续　简化手续包括简化移民、检疫、海关、放行手续。

缔约各国同意采取一切可行的措施，通过发布特别规章或其他方法，以便利和加速航空器在缔约各国领土间航行，特别是在执行有关于移民、检疫、海关、放行等法律时，防止对航空器、机组、乘客和货物造成不必要的延误（第二十二条）。

（2）便利措施　便利措施包括免纳关税、搜寻援救、事故调查、扣押航空器、提供机场通信导航气象。

① 关税（第二十四条）

a. 航空器飞抵、飞离或飞越另一缔约国领土时，在遵守该国海关规章的条件下，应准予暂时免纳关税。一缔约国的航空器在到达另一缔约国领土时所载的燃料、润滑油、零件备件、正常设备及机上供应品，在航空器离开该领土时，如仍留置在航空器上，应免纳关税、检验费或类似的国家或地方税款和费用。此种豁免不适应于卸下的任何数量的物品，但按照该国海关规章允许的不在此例，此种规章可以要求上述物品应受海关监督。

b. 运入一缔约国领土的零备件和设备，供装配另一缔约国的从事国际航行的航空器或在该航空器上使用，应准予免纳关税，但须遵守有关国家的规章，此种规章可以规定上述物品应受海关的监督和管制。

② 航空器遇险（第二十五条）。缔约各国承允对其领土内遇险的航空器，在其认为可行的情况下，采取援助措施，并在本国当局管制下准许该航空器所有人或该航空器登记国的当局采取情况所需的援助措施。缔约各国搜寻失踪的航空器时，应在按照本公约随时建议的各种协同措施方面进行合作。

③ 事故调查（第二十六条）。一缔约国的航空器如在另一缔约国的领土内发生事故，致有死亡或严重伤害或表明航空器或航行设施有重大技术缺陷时，事故所在地国家应在该国法律许可的范围内，依照国际民用航空组织建议的程序，着手调查事故情形。航空器登记国应有机会指派观察员在调查时到场，而主持调查的国家，应将关于此事的报告及调查结果，通知航空器登记国。

④ 不因专利权的主张而扣押航空器（第二十七条）。一缔约国从事国际航行的航空器，被准许进入或通过另一缔约国领土时，不论降停与否，另一缔约国不得以该国名义或以该国任何人的名义，基于航空器的构造、机构、零件、附件或操作有侵犯航空器，或对该航空器的所有人或经营人提出任何权利主张，或进行任何其他干涉。缔约各国并同意在任何情况下，航空器所进入的国家对航空器免予扣押或扣留时，均不要求缴付保证金。

4. 不订立与公约相抵触的协议

公约第四部分"最后条款"中规定缔约各国退出《巴黎公约》和《哈瓦那公约》、现行其他不抵触协定应向理事会进行登记，其他抵触协定应废除，以后所签新的合法的协定应向理事会登记。

缔约各国承允，本公约生效时申明退出《巴黎公约》和《哈瓦那公约》，在各缔约国间，本公约即代替上述《巴黎公约》和《哈瓦那公约》。

本公约生效时，一缔约国和任何其他国家间，或一缔约国空运企业和任何其他国家或其他国家空运企业间的一切现行航空协定,应立即向理事会登记。

缔约各国承认本公约废除了彼此间所有与本公约条款相抵触的义务和谅解,并应允不再承担任何此类义务和达成任何此类谅解。一缔约国如在成为本组织的成员以前,曾对某一非缔约国或某一缔约国的国民或非缔约国的国民,承担了与本公约的条款相抵触的任何义务,应立即采取步骤,解除其义务。任何缔约国的空运企业如已经承担了任何此类与本公约相抵触的义务,该空运企业所属国应以最大努力立即终止该项义务,无论如何,应在本公约生效后可以合法地采取这种行动时,终止此种义务。

如果缔约国在不违反前条的规定下,可以订立与本公约各规定不相抵触的协议。如有此种协议,应立即向理事会登记,理事会应尽速予以公布。

第三节
民用航空组织及其技术规范

教学要求
1. 熟悉国际民航组织的主要机构以及我国在其中的地位。
2. 了解附件的作用、法律地位和18个附件的概要内容。
3. 了解航行服务程序的作用。

一、国际民用航空组织(IernationalCivillAvationOrganization,ICAO)

1. 背景

1919年《巴黎公约》,成立了国际空中航行委员会(ICAN),它是今天国际民航组织(ICAO)的前身。

1944年11月1日至12月7日在芝加哥召开的第一届国际民航会议,52个国家的代表出席了会议,并签订了《国际民用航空公约》(通称《芝加哥公约》),公约第四十三至六十六条规定成立国际民航组织。

但是,根据《国际民用航空公约》的规定,只有在26个国家批准了该公约之后,公约才能正式生效,在公约缔结后的六个月即1945年6月6日,成立了一个只有咨询权力的临时组织——临时国际民航组织(PLCAD),据此国际民用航空组织于1947年4月4日《芝加哥公约》生效时才宣告正式成立(1947年5月13日成为联合国的专门机构)。

考虑到与联合国成立的历史悠久性之比较,ICAO称"《芝加哥公约》的缔结日就是国际民航组织的诞生日",并将12月7日定为"世界民航日"。

有关芝加哥公约的背景知识参见《国际民用航空公约》缔结背景。

国际民航组织现有缔结国:187个;现有理事国:33个;总部所在地:加拿大蒙特利尔(Montreal)。

2. 国际民航组织的性质

国际民航组织是联合国 17 个专门机构之一,是负责处理国际民航事务的政府间组织,也称为官方组织。

(1) 联合国的 17 个专门机构分别如下。

① 国际民用航空组织(ICAO)。

② 国际电信联盟(ITU)。

③ 国际海事组织(IMO)。

④ 万国邮政联盟(UPU)。

⑤ 世界气象组织(WMO)。

⑥ 国际劳工组织(ILO)。

⑦ 联合国粮食及农业组织(FAO)。

⑧ 联合国教育、科学及文教组织(UNESCO)。

⑨ 世界卫生组织(WHO)。

⑩ 国家货币基金组织(IMF)。

⑪ 国际复兴开发银行(世界银行)(IBRD)。

⑫ 国际开发协会(IDA)。

⑬ 国际金融公司(IFC)。

⑭ 世界知识产权组织(WIPO)。

⑮ 国际农业发展基金(IFAO)。

⑯ 世界贸易组织(WTO)。

⑰ 国际原子能机构(IAEA)。

在这 17 个组织中前 4 个组织与国际民航组织业务关系密切。

(2) 在全球 2000 个非政府间组织(非官方组织、民间组织)中,与国际民航组织密不可分的有以下 4 个。

① 国际航空运输协会(IATA)。

② 飞行员协会国际联合会(IFALPA)。

③ 管制员协会国际联合会(IFATCA)。

④ 国际机场理事会(ACI)。

(3) 与国际民航组织密切相关的区域性政府间民航组织有以下 3 个。

① 非洲民航委员会(AFCAC)。

② 拉丁美洲民航委员会(LACAC)。

③ 欧洲民航委员会(ECAC)。

3. 国际民航组织的宗旨和目的

(1) 宗旨 在于发展国际航行的原则和技术,并促进国际航空运输的规划和发展。

(2) 目的

① 保证全世界国际民用航空安全地和有秩序地发展。

② 鼓励为和平用途的航空器的设计和操作技术。

③ 鼓励发展国际民用航空的航路、机场和航行设施。

④ 满足世界人民对安全、正常、有效和经济的航空运输的需要。
⑤ 防止因不合理的竞争造成经济上的浪费。
⑥ 保证缔约各国的权利充分受到尊重，每一缔约国均有经营国际空运企业的公平的机会。
⑦ 避免缔约各国之间的差别待遇。
⑧ 促进国际航行的飞行安全。
⑨ 普遍促进国际民用航空在各方面的发展。

4. 国际民航组织的机构和职能

（1）大会　大会是最高权力机构，所有缔约国参加，每国有一票表决权，通常每三年举行一次。

任务是：审议技术、经济、法律、技术援助等领域的全部工作，并对该组织其他机构的未来工作给予指导。

权力及主要职责：选举理事国，审议通过本组织下个三年预算和财务安排，审议理事会报告并做出决议，审议有关变更或修改《芝加哥公约》条款的提案，赋予、变更、撤销理事会必需的适宜的权力，审议批准与其他国际组织或机构间的合作事宜及有关国际协议。

（2）理事会　大会的常设机构，理事会任期三年，主席由理事会选出，下设秘书处和各种专门委员会。

① 理事会职责。向大会报告工作，执行大会指示并履行《芝加哥公约》规定的职责和义务，选举理事会主席，任命秘书长，决定设立航行委员会及航空运输委员会等，任命委员会委员，审议通过国际标准与建议措施，批准航行服务程序和地区补充规定，征集、搜集、审查、出版关于航行发展和国际航班运营的资料，向大会及缔约国报告有关违反《芝加哥公约》或不执行理事会决议的任何情况，充当缔约国之间的仲裁机构，采取其他必要的措施维护国际航空运输的安全与正常。

理事会具有准立法权、准司法权和管理权，前两项权力是联合国其他17个专门机构不具有的。

② 准立法权指：它有权制定、修改、通过"国际标准和建议措施"作为公约之附件。
③ 准司法权指：当缔约国之间遇有争端时，充当缔约国之间的仲裁机构。
④ 管理权表现在：机场与航行设施的筹资修建与维护，各缔约国的空运企业向理事会送交运输报告、成本统计及财务报告。

理事国分3类（共33国）：
① 航空发达，在航空领域居特别重要地位的缔约国（现有10个）；
② 地域辽阔，对提供国际航行设施作突出贡献的缔约国（现有11个）；
③ 区域代表缔约国（现有12个）。

当前，我国在国际民航组织的地位：第一类理事国。

我国是《芝加哥公约》最早的签字国和批准国之一（1946年2月20日交存批准书），也是国际民航组织首届理事国之一，中断了30年之后，于1974年2月重新批准《芝加哥公约》，并于1977年重新恢复第二类理事国地位。由此，我国航空法规的发展落后于世界

30多年！时至今日，随着我国民航业的发展和国际地位的提升，我国已经上升为第一类理事国。

（3）秘书处　国际民航组织的日常工作机构，秘书长由理事会任命。下设5个局和7个地区办事处。

① 5个局。航行局（航行局下面设有21个临时性研究小组）、运输局、技术援助局、法律局、行政服务局。

② 7个地区办事处。东非和南非地区内罗华（Nairobi）、西非和中非地区达喀尔（Dakar）、中东和北非地区开罗（Cairo）、欧洲地区巴黎（Paris）、亚洲和太平洋地区曼谷（Bangkok）、中北美和加勒比地区墨西哥城（Mexico）、南美地区利马（Lima）。

（4）各种专门委员会　专门委员会是理事会的助手和参谋机构，现有9个：航行委员会、航空运输委员会、法律委员会、联营导航委员会、财务委员会、非法干扰委员会、技术合作委员会、新航行系统实施委员会、爱德华奖委员会。

航行委员会由15名"在航空科学知识和实践方面有合适的资格和经验"的人员组成，由缔约国提名，理事会任命。针对航行领域存在的技术问题，委员会可决定设立专家组，该委员会目前设有13个专家组。

航行委员会向理事会报告工作并负责审议、协调和规划国际民航组织在航行领域中的所有工作，最主要的职责是：对秘书处航行局及航委会专家组修订的附件和航行服务程序进行审议，并建议理事会通过或批准。在《国际民用航空公约》的18个附件中，有16个是由航行委员会负责的（《附件九简化手续》、《附件十七安全保卫》分别由航空运输委员会和非法干扰委员会负责）。

公约第十章（第五十六条、第五十七条）专门规定了航行委员会的提名、任命和职责，其他委员会则没有在公约中明确规定，而是将设立和撤销权力赋予理事会，由此可见航行委员会的突出地位。

二、国际民航组织的技术规范

1. 附件简介

附件（即"国际标准与建议措施"）通常由定义、标准、建议措施、规定、表格与数字、附录等部分组成。用英、法、俄、西四种文字通过。

标准：指物理特性、构形、材料、性能、人员或程序的任何规范，其一致应用被认为是对国际飞行安全或正常所必需的，缔约国根据公约要符合它们；在不能符合时，必须根据公约第三十八条的规定通知理事会。

建议措施：指物理特性、构形、材料、性能、人员或程序的任何规范，其一致应用被认为是对国际飞行安全、正常或效率是有好处的，缔约国按照公约将力求符合它。

（1）附件一颁发人员执照　规定关于颁发飞行组人员（驾驶员、领航员、飞行工程师）、空中交通管制和维修技术员执照的标准与建议措施，有关训练手册向会员国提供训练课程范围、深度的指南，这将保证本公约和附件一所意欲建立的对空中航行安全的信心。这些训练手册也提供训练其他航空人员（如机场应付紧急情况人员、飞行签派员、无线电通信员以及其他有关职能人员）的指南。现在，附件一已经过大大小小近 200 次修订。

（2）附件二空中规则　空中航行安全而高效运行，需要一套国际上统一的空中规则：一般规则、目视飞行规则和仪表飞行规则。这些规则在公海一律适用。在各国领土上，在不与所飞越的国家的规则相抵触的范围内适用。航空器的机长负责遵守空中规则。

在一切情况下，拦截民用航空器都有潜在的危险。国际民用航空组织理事会在附件二中提出了特别建议，敦促各国通过适当的规章和管理措施来实施这些特别建议。

（3）附件三国际空中航行的气象服务　驾驶员需要了解所飞航线和其目的地机场的天气情况。在附件三中所简述的气象服务的目的是为了空中航行的安全、有效和正常做出贡献。为达到这一目的，应向经营人、飞行组人员、空中交通管制单位、搜寻援救单位、航站管理部门以及其他与航空有关部门提供所需的天气情报。

（4）附件四航图　使用按照国际民用航空组织采纳的标准所绘制的航图，有利于空中交通的安全、有效的流动。国际民用航空组织的系列航图有 17 种，每种航图有其特殊用途。它们的范围从个别的机场详图到供作飞行计划用的小比例尺航图，主要有：小比例尺航图、1∶1000000 比例尺航图、1∶5000000 系列航图、无线电领航图、终端区域航图、仪表进近图、进近平面图和剖面图、着陆图、机场图、机场障碍物图、跑道的平面图和剖面图。

（5）附件五空中和地面运行中所使用的计量单位　在《芝加哥公约》缔约后的 40 多年来，对附件五进行了多次修订，最终引用了国际单位制作为民用航空采用的基本标准制。如：米、千米、千米/小时、百帕等。另外，也承认一些在航空方面尚有特殊地位的非国际单位制，如：升、摄氏度、计量平面角的"度"、毫巴、海里、节、英尺等。经多次修订，非国际单位制的成分已大大减少。

要使计量单位标准化是很不容易的，需要与其他国际组织（如：世界气象组织、世界卫生组织等）进行协调、取得一致。所以，真正的完全统一还需要相当长的时期。

（6）附件六航空器的运行　附件六分为两个部分，第一部分：国际商业空运；第二部分：国际通用航空。

附件六的实质，简言之就是从事国际空运的航空器的运行必须尽可能标准化以保证最高水平的安全与效率。

在航空器运行的各个阶段，最低标准是最可能被接受的折中办法。被全部会员国接受的这些标准遍及许多方面，如航空器运行、性能、通信与导航设备、维修、飞行文件、飞行人员的职责等。

由于引用快速远程与近程航空器，产生了与之有关的、较低空的续航行问题，在此燃油消耗成为一个主要因素——飞行性能计算。

关于适合各种航空器和各个机场环境因素的飞行最低标准，现已有明确规定的国际标准与建议措施。航空器经营人要考虑所使用的机型、机载设备的先进程度、进近与跑道设备的特性、机组人员在各种天气条件下执行程序的操作技能，这些都要由经营人国家批准。

对于安全有效地实施航空器的运行，人的因素是一个重要的组成部分。附件六规定国家对其经营人，特别是对于飞行组人员的监督责任。主要的规定要求建立监督飞行操作的方法，以保证持续的安全运行水平。它要求每一机型要有一本使用手册（operations manual），并使每一经营人负责保证一切运行人员受到关于其职责以及这些职责与航空公司运营的整体关系的教育。

机长对确认飞行准备齐全符合一切要求负有最后责任。在对航空器的适航以及对仪表、维修、载重平衡（以及货物捆绑牢固）和航空器的使用限制等的符合其他方面标准都认为满意后，要求他签署飞行准备表格。

附件六所包括的另一重要方面：航空公司制定飞行组人员的飞行时间和飞行勤务时间的限制规则。该统一标准也要求经营人保证飞行组人员有足够的休息时间以消除每次飞行或在一段时间持续飞行中所产生的疲劳而不危害飞行安全。

每一型号的航空器的使用限制的知识是它的安全运行的关键。本附件的第五章规定了各种使用的航空器的最低性能使用限制。本章中的标准考虑了可以影响很多种航空器性能的一些重要因素：飞机的重量、标高、温度、机场天气条件、跑道情况以及包括在一台或多台发动机失效的情况下起飞与着陆速度。

（7）附件七 航空器国籍与登记标志 航空器是如何进行分类和予以识别的？怎样辨别航空器的国籍？

这是国际民用航空组织的最简短的一个附件所要回答的两个问题。该附件述及航空器的国籍和登记标志，并在另一张表中，按其如何保持在空中飞行而把航空器予以分类。

（8）附件八 航空器的适航性 为了安全，航空器必须具备的第一个证件是适航性。该证表明该航空器适合飞行。但在可以发给该证之前，必须证实该航空器的设计、结构和使用性能是符合登记国的有关适航要求的，为了便于输入和输出航空器，以及为租赁、包用或交流而调换航空器和为了便于国际空中航行的航空器的运行，《国际民用航空公约》第33条规定登记国承担辨认和认可其他会员国发给的适航证，但发给或认可该证的适航要求，须相等或高于国际民航组织根据本公约随时制定的最低标准。这些最低标准载于附件八，名为航空器的适航性。

附件八包括一些主要的标准，以供各国适航性当局应用。它规定会员国为其他会员国的航空器飞入和飞越其领土而认可适航证的最低基础，以达到保护其他航空器、第三方人员与财产及其他目的。人们认识到国际民用航空组织的标准不能代替本国的条例并认识到需要本国的适航性法规（其中包括各国自己认为需要的完整详细的内容）以作为给每架航空器发证的根据。每个国家可以自由地制定其自己的完整详细的适航性法规，或选用其他缔约国所制定的完整详细的法规。需要由国家法典予以保持的适航性水平是由附件八的主要标准所明示。需要时，由《适航性技术手册》中的指导性材料加以补充。

附件八分为三个部分。第一部分包括定义。第二部分述及发给适航证与确定航空器持续适航的管理程序。第三部分为发给新飞机设计证书的技术要求。

适航标准涉及性能、飞行质量、结构设计与制造、发动机与螺旋桨的设计与安装、仪表与设备的设计与安装和使用限制，包括飞机飞行手册中所要提供的程序和一般资料。

（9）附件九 简化手续 国际民用航空已使空中旅行成为一种乐趣，远远超过20世纪50年代早期，当时乘坐一架喷气机是件令人向往的事情。这种大胆向往的事情，现在已成为现实，但却易于在起飞和目的地机场受阻：航空所固有的速度优点，常常由于地面海关、移民和卫生等控制部门的缓慢过程而消失。

从一开始就把《国际民用航空公约》的附件九设计得使在一次飞行的两端的许多事情简化手续，因此该附件被称为"简化手续"（FAL），致力于加速航空器、人员、货物和其他物品在国际机场的进出。附件九也包括一些规定，它们是关于航空器内的除虫，文件错误（以及对这些错误的处罚），便利搜寻援救、失事调查和抢救以及自然灾害援救飞行和国际卫生条例的实施。

附件九的本质，反映在规定中所述："必须以这样的一种办法来应用并执行……放行……以保持空运所固有的速度优点。"

如：航空器的装卸与再服务的安排；出境旅客、机组人员和行李；入境旅客、机组人员和行李；旅客与机组人员的过境与换乘；货物、邮件处理与放行设施以及在航站旅客楼内的杂项设施与服务；实施公共卫生措施的设施和紧急医药救护的规定等。同时也要求国际民用航空组织的会员国在国际机场张贴关于款项兑换条例的告示，并设有兑换设施——这是受旅行公众所欣赏的附件九中所提供的许多便利之一。

（10）附件十航空电信　国际民用航空最复杂的组成部分之一就是今日航空器运行服务所用的电话、电报和通信导航。附件十分为两卷。卷一规定设备、系统和无线电频率。卷二则制定在国际民用航空运行中所使用的通信程序。

用于国际民用航空有两大类通信，它们是地面诸点之间的航空固定服务（AFS）和飞行中的航空器与地面诸点之间的航空移动服务（AMS）。航空移动服务向飞行中的航空器提供一切所需的情报以便安全实施飞行，使用语音和数字数据。航空固定服务的一个主要组成部分是航空固定电信网（AFTN），这是一个世界范围的网络组织以符合国际民用航空的特殊要求。在航空固定电信网里，地面上的主要诸点，包括机场、空中交通管制中心、气象室之类，都用适当的线路连接起来，在此网络上任何一点发出的电文都是列行地发到一切实施安全飞行所需要的地点。

卷一中的第一部分列出无线电导航设备的主要参数规范，包括功率要求、频率、调制、信号特点和所需的监控以保证装有适当设备的航空器能够在世界各地接到导航信号并具有所需要的可靠程度。

卷一中的第二部分述及已由国际电信联盟分配给航空业务的无线电频率。国际电信联盟时常举行世界性会议，审议无线电频谱的一切用户的需要，并分配所需的在无线电频谱中不同部分的那些频率，以满足国际民用航空的需要。然后国际民用航空组织落实使分配给航空业务的频段能以最有效地方式来使用。

无线电导航设备的使用程序载于《航行服务程序——航空器的运行》（文件号8168）；而航空固定服务与航空移动服务两种通信所使用的程序则载于附件十的卷二。使用这些程序保证在航空固定服务中的民用航空通信将准时到所需的地面目的地，并保证利用航空移动服务的、在运行中的航空器将能够与为保证安全、有秩序和有效率的国际航空器运行而设置的地面组织联络通信。为达到这项目的而设置的地面组织基本上是由空中交通服务、气象服务、航空情报服务和由国际航空经营人提供的飞行控制服务所组成。

（11）附件十一空中交通服务　1994年差不多还不知道空中交通管制。今天，空中交通管制、飞行情报和告警三种服务组成空中交通服务，在全世界保证空中交通运行安全与效率所必需的地面保证设施中名列前茅。《国际民用航空公约》附件十一，给空中交通服务下了定义并说明适用于全世界的提供这些服务的标准与建议措施。

天空是无限的，但对空中交通而言却不尽然。因为许多航空器充满拥挤的航线，空中交通管制的概念、程序、设备、规则将不断改进，而本附件的规定也将随之不断改进。

（12）附件十二搜寻援救　搜寻援救工作的根据是已知或假定航空器遇险并且有可能帮助他。出于迅速找到失事航空器幸存者的需要，一套国际上同意的标准与建议措施编入《国际民用航空公约》的附件十二——搜寻援救（SAR）。

本附件制定了可适用于国际民用航空组织会员国在其领土和公海上空设置、保持和施行搜寻援救服务的规定（由两本涉及搜寻援救的组织和搜寻援救程序的《搜寻援救手册》补充）。

该附件包括五章，详细说明了识别紧急情况的性质、搜寻援救工作所需的组织与合作要求、在失事现场和截获遇险电信的机长所要采取的行动、搜寻援救中所采用的信号等。扼要提出所需的准备措施并制定在紧急情况下搜寻援救服务的工作程序。

（13）附件十三航空器失事调查　必须迅速识别、查明导致航空器失事的原因以防止再次发生同样失事。

失事调查牵涉很广，甚至包含：规定可以参加调查的国家（如所在国、登记国、经营人国家和制造国）和有关权利和责任的分配。当需要规定在航空器失事调查中设置权威时各种牵涉到的问题就复合到了一起。

本附件包括定义、适用范围、总则、调查的目的、保护证据、失事现场所在国监护移动航空器的责任、通知所涉及的一切国家的程序，以及所在国如何处理登记国、经营人国家和制造国提出的要求。

附件十三常常用来作为失事现场的现场参考文件——已迅速明确分清责任，《航空器失事调查手册》是它的补充资料。该手册也是由国际民用航空组织制定的。

特别令人关切的失事的最后报告，编入国际民用航空组织的《航空器失事摘录》。国际民用航空组织也出版《防止失事手册》，该手册选出防止失事的重要措施，它也丰富了"系统方法"，被认为是防止失事的基础。

（14）附件十四机场　附件十四的新颖之处在于它所含题目的范围之广。它涉及的范围从机场的规划，到如辅助电源的切换时间等细节；从土木工程到照明工程；从备有尖端的援救与消防设备到保持机场清除鸟群的简单要求。本附件受到这样众多题目的影响，又与机场所必须经受的航空业的迅速变化复合在一起。

附件十四的内容，在不同程度上反映了机场的四个不同方面，这些是规划、设计、运行和机场设备。

机场是心脏、是宏大的机动区，自跑道展伸，沿滑行道直至停机坪。今天，巨大的新型航空器需要这些设计更加精确。关于它们的特征，即它们的宽度、它们的道面的坡度和它们与其他设施间的间距，形成本附件的主要部分。

规划空域以便航空器进近或飞离。显然，为了飞行安全，需要没有障碍物。规定这个空域的范围也很重要，它使机场可以得到保护，以保证它的继续发展与存在，或者如本附件中所说的："防止由于障碍物的增长使机场变得不能使用，……应规定一系列的障碍物限制面，这些限制面规定物体可以突出到空域内的极限。"在本附件内，把规定特定的障碍物限制面和这些限制面的尺度的要求，按照跑道种类进行分类。公认有6种不同的跑道：非仪表进近跑道，非精密进近跑道，1、2、3类精密进近跑道和起飞跑道。

飞行区的各种标志和新型高强度灯光对昼间及夜间运行都很有效，对于它们的使用，在本附件中也有所规定。

对于任何机场运营都非常重要的是援救与消防服务。按照附件十四，一切机场都要有援救与消防服务。本附件规定了所要使用的灭火剂，它们的数量和时限，在该时限内它们必须被提供到航空器失事的地点。

（15）附件十五航行情报服务　　国际航行通告是一个词组，它导致产生早期的航空缩略语"NOTAM"（notices to airmen 的缩写）。这些情报最明显的用户是准备飞行的驾驶员和与航空器运行有关的任何其他人员。

对于这种情报的理解，重要的一点是：传达情报的方式和所用文字的简明。附件十五明确规定情报应简要，用便于使用的格式提供，并且包括有关下一个飞行航段的与标准不相符的任何事项。

航行通告分为两级，即一级和二级。一级航行通告采用直接的电信手段；比较不很紧急的二级航行通告采用邮寄和其他分发办法。两级航行通告都包括有关任何航空设施、服务、程序或险情的设置（存在）、情况或变化，按全世界、全国和地区的范围分发。——对于与飞行业有关的人员来说，及时了解这些是至关重要的。

国际民用航空组织也采用一种雪情通告（ANOWTAM）。它是一种编有特殊序号的航行通告，用以通知由于机场的航空活动区内有雪、冰、雪浆或积水而存在的险情或这一险情的排除。如果没有航行情报服务，驾驶员将飞行在情况不明之处。

（16）附件十六环境保护　　《国际民用航空公约》的附件中有两个不是针对航空安全和运行效率的，其中之一是附件十六（另一个不直接与安全有关的附件是附件九简化手续）。该附件是从航空器的噪声与航空器发动机排放物的影响论及环境的保护——当1944年签订《芝加哥公约》时，这是两个几乎想不到的问题。

附件十六分为卷一和卷二。卷一包括关于航空器噪声的规定，卷二包括关于航空器发动机排放的规定。

（17）附件十七安全保卫——国际民用航空防止非法干扰行为的安全保卫　　在20世纪60年代后期，对航空安全不利的暴力犯罪显著增加，导致1970年6月国际民用航空组织举行一届特别大会。那次大会的决议之一，要求在《芝加哥公约》现有的或新的附件中，载有规范以特别处理非法干扰（劫持）问题。国际民航组织的后续行动导致1974年通过了附件十七。该附件为国际民用航空组织的民用航空安全保卫方案奠定了基础并寻求办法以反非法干扰行为来保卫民用航空及其设施的安全。

附件十七和其他附件中的航空安全保卫规范，由一本广泛而详细的《安全保卫手册》所扩充。在签订《芝加哥公约》时尚无这些文件，也不能预料对于这些文件的需要。1963年、1970年、1971年缔约的航空刑法体系的三个国际公约适应了航空发展的需要。1974

年滞后通过的附件十七虽然法律约束力不如航空刑法的三个公约,但使得《芝加哥公约》的"国际标准与建议措施"更加完整。

(18) 附件十八危险货物的安全空运　世界上由一切运输方式所载运的货物,一半以上是危险品——爆炸、腐蚀、可燃、有毒甚至是放射性的。这些危险品,对于全球种类广泛的工业、商业、医药以及研究的要求与工序来说,是至关紧要的。

因为空中运输的有利条件,很多危险品是由航空器所载运的。

国际民用航空组织承认这类货物的重要性,并采取步骤以保证可以安全载运这些货物。通过附件十八和《安全空运危险货物技术说明》以及提供相应的训练而达到安全载运危险货物的要求。

2. 航行服务程序

除附件外,国际民航组织还通过诸如"航行服务程序、手册、指南"等更详细更具有操作性的技术文件,虽然这些文件不具备法律效力,不必强制执行,但它的技术权威性使得各国民航当局纷纷效仿。例如:

DOC4444——《空中交通管制规则》(补充附件二和附件十一)

DOC8168——《航空器的运行——目视和仪表飞行程序设计》(补充附件六)

DOC8400——英文简缩语

DOC7910——四字地面代码

DOC7030——地区补充程序

DOC8126——航行情报服务手册

当航空服务程序中的部分内容成熟到被大多数缔约国承认,专家认为其一致应用被认为是对国际飞行安全或正常所必需的,按一定的法律程序,其部分或全部内容将被上升法律等级而列入附件。例如:"国际航行通告(NOTAM)收集分发颁布程序"于1949年一次航行通告特别会议审议,稍后成为空中航行服务程序,于1951年开始适用。在其后的年份中,做了20次修订,最终调整为现在的附件十五。

综上所述,国际民用航空组织的航行机制:大会—理事会—航行委员会—航行委员会专家组—秘书处航行局—航行专业会议—地区航行会议。

国际民航组织的航行技术规范:公约—附件—航行服务程序—地区补充规定—航行规划—技术手册—指南—通告。

第四节
华沙体系、航空刑法体系

教学要求

1. 了解《华沙公约》的制定背景和华沙体系的主要内容。
2. 了解《东京公约》、《海牙公约》、《蒙特利尔公约》的制定背景。
3. 熟悉航空刑法体系中规定的机长权力、犯罪定义、适用范围。

4. 了解航空刑法体系中管辖权、缔约国责任。

航空法的特征之一是囊括公法与私法。就航空活动而言，首先要解决的是公法问题，诸如主权、领土、国籍国家关系等。《芝加哥公约》、《东京公约》、《海牙公约》和《蒙特利尔公约》都属公法性质。

在私法领域，无论是财产权利、损害赔偿，还是合同法与侵权行为法，各国法律规则的差别巨大、冲突突出。因此，国际上采取统一原则和规则是国际航空运输的前提条件，1929年《华沙公约》是解决这种差别与冲突的典型成功之作，华沙体系属于私法体系。

一、华沙体系

1929《华沙公约》及随后的8个修订补充文件构成了华沙体系。

1.《华沙公约》——《统一国际航空运输某些规则的公约》

（1）缔结必要性（历史根源）　统一国际航空运输凭证，解决国际航空运输过程中旅客、行李与货物损害事故（即民事责任），是国际航空的一项重要课题，也是航空法的一项基本内容。

航空活动的国际性，决定存在大量的国际航班，各航班上有不同国籍的旅客，一旦发生航空事故，在管辖法院与适用法律的选择上势必会引起复杂的法律冲突，正是预见到这一点，1925年，在巴黎召开第一次航空私法国际会议，由此产生的"航空法专家国际委员会"（CITEJA）花了三四年功夫议定民事责任法律条文，终于在1929年10月12日华沙第二次航空私法国际会议上，通过了《统一国际航空运输某些规则的公约》（通称《华沙公约》），这是一部国际统一的航空民事责任法典，1933年正式生效。

（2）公约的使用范围　只适用于它专门定义的"国际运输"（详见公约第一条1～3款），即是以始发地，经停地点和目的地是否在两个缔约国境内为标准的，与承运人的国籍或旅客、托运人的国籍无关。

（3）主要内容和结构

① 运输凭证（第3～11条）。统一规定了飞机票、行李票与运货单的内容、规格及在运输合同中的法律地位，为实施国际统一的华沙责任规则奠定了基础。

② 责任制度（第17～25条）。承运人"有过失、无过失、故意行为"所造成的损害赔偿责任和赔偿限额截然不同，这是《华沙公约》实体性规则的主体，一套独具特征的国际航空承运人责任规则，包括如下内容。

推定过失责任制（第17条、第18条）：所谓"承运人主观上没有过失"，是指为避免损害，承运人已经采取一切必要措施，或不可能采取此等措施。公约规定，证明"承运人是否过失"的法庭举证由承运人提供，即，除非承运人能举证证明其主观上没有过失，否则就依法推定承运人主观上有过失而承担损害赔偿责任。（对旅客有利）

限制承运人的责任（第22条、第23条）：《华沙公约》规定，承运人对用户的损害赔偿责任是有限制的，赔偿数额一般不得超过公约规定的最高限额，第22条规定对旅客赔偿限额为125000法郎（8300美元），行李每千克250法郎，随身行李每人5000法郎。限制责任在一定程度上也保障了用户的索赔权利（第23条）。

注：含金纯度为千分之九百的65.5毫克的法国普安卡雷法郎，各国折算后取整。

不限制承运人的责任的特定条件：承运人未交给客票、行李票或航空运货票或所开票据不合格（第3条、第4条、第9条）不限责任是作为对承运人和遵守条约规定的一种有效制裁措施。

承运人有意或不顾后果的不法行为造成损害（第25条）。

③ 管辖法院和诉讼时限（第28条、第29条）。关于有权受理诉讼四种法院的规定（承运人住所地，主营业地、办理合同的承运人营业机构所在地，目的地）由原告选择（第28条），诉讼时限为到达目的地之日起，两年内提出，否则即到期消失（第29条）。

《华沙公约》制定了相当完整的一套国际航空运输民事责任规则体系，1933年正式生效以来，至今缔约国已有130多个，许多国家订入国内法中使之适用于国内航运。实践证明，其基本规则是公平与公正的，对国际航运发展发挥了积极有益的作用，被誉为在国际私法领域实行国际统一规则的成功范例。

2. 1955年《海牙议定书》

二战后加入《华沙公约》的国家越来越多，使得公约的实施遇到越来越大的矛盾和冲突，矛盾焦点：责任限额的高低问题，美国与其他国家发生严重分歧。

1955年海牙外交会议，拟定《海牙议定书》，全称是《修订一九二九年十月十二日在华沙签订的统一国际航空运输某些规则的公约的议定书》，对《华沙公约》的修改有三个方面：

① 将承运人对每位旅客的责任限额提高一倍（250000法郎即16600美元）；

② 重新修订第25条（不限制承运人和其受雇人或其代理人的故意行为造成损害的赔偿）；

③ 简化了关于运输凭证的规定，以国际航协（IATA）制定的统一"共同条约"为依据。

1993年，中国国际航空公司、中国东方航空公司和中国南方航空公司正式加入了国际航空运输协会。中国西南航空公司也已提出了加入协会的申请。

除以上三点重要修改外，海牙议定书还在不少细节条文上修订了原《华沙公约》的缺陷。

我国已加入1955年的《海牙议定书》。

3. 1961年《瓜达拉哈拉公约》

我国未加入。

4. 1966年《蒙特利尔（暂时）协议》

我国未加入。

5. 1971年《危地马拉议定书》

我国未加入。

6. 1975年《蒙特利尔议定书》

我国未加入。

7. 华沙体系存在的问题

以 1929 年《华沙公约》，及后续 8 个协定书或修订文件组成的"华沙体系"，主要问题是九个文件并存造成冲突。因为，一个国家不一定批准或加入所有几个文件，各文件的缔约国也不大可能是整齐划一的，于是可能会出现的一种复杂且不合理的情况是，乘坐同一飞机的旅客，如果飞机失事，就会因出发地、目的地或经停地点不同，而适用不同的责任规则和责任限额，其所得赔偿也可能大不一样（如典型案例 1974 年巴黎空难案）。在另一方面，现实生活中还有仅批准《华沙公约》而未批准《海牙议定书》等修订文件的国家（如美国），还有仅批准了《海牙议定书》的国家（如韩国），那么这两国之间，适用的《华沙公约》无从谈起。

8.《华沙公约》的变革

鉴于存在以上弊端，1975 年通过一项决议，要求国际民航法律委员会起草一个合并所有华沙体系文件的统一文本，以求实行统一规则。进入 20 世纪 90 年代，华沙旅客责任限制再度暴露出危机时，ICAO 采取了坚决行动，1995 年起草拟定，1997 年成立专门小组，定稿于 1999 年 5 月 28 日，终于诞生了新的、以平衡经济发展水平悬殊的各国利益并适应科学技术现代化的新公约——《统一国际航空运输某些规则的公约》（与 1929 年《华沙公约》同名，旨在替换华沙体系的前 9 个文件）。其主要改动内容有三方面：

① 对运输凭证规则的改动，恢复了运输凭证的正常动能；

② 对客货运均采取完全责任制度（客观责任制度）；

③ 增加了所谓"第五种管辖权"（有 5 个管辖法院），平衡了世界不同经济发展水平国家的利益，是一个重大而有益的步骤，然而，随着各国批准它的漫漫长路，是否能将负作用减少到最低，今天来评价为时尚早。

二、航空刑法体系

刑法，是关于犯罪和刑罚的法律规范的总称。

航空器的法律地位，其实质主要是指当航空器升空后，对其上或其内的各种行为（例如：刑事犯罪、劫机、危及航行安全和机上正常秩序等）由谁来管辖并适用何国法律的问题。随着人类航空活动的大量增加以及国际局势的演变，包括劫机在内的各种各样的航空犯罪事件也日益增多，通过国际立法来制止航空犯罪成为必然，从而导致了 20 世纪 60～70 年代三个著名国际公约的签订，即 1963 年东京《关于航空器上犯罪及其某些行为的公约》（通称《东京公约》），1970 年海牙《制止非法劫持航空器公约》（通称《海牙公约》），1971 年蒙特利尔《制止危害民用航空安全的非法行为公约》（通称《蒙特利尔公约》）和 1978 年《蒙特利尔议定书》。以上四个文件就犯罪定义、适用范围、指控、逮捕、拘留、初步调查程序、起诉和引渡、惩戒犯罪、缔约国权利和责任，以及航空器机长权利都做了具体规定，是处理危害国际民用航空安全的国际法依据。由于这四个文件的规则都是关于刑事方面的，一般称作《航空刑法》。

《芝加哥公约》主要从技术方面规范航空活动从而实现保证飞行安全的目的，航空刑法则是从制止航空犯罪来促进航空安全。

20世纪60年代后期，国际上航空暴力事件不断增加，1970年6月，国际民航组织举行特别大会，要求在《芝加哥公约》的附件中增加有关处理非法干扰（劫持）问题，使《国际民用航空公约》更加完整，1974年最终通过了《国际民用航空公约附件十七安全保卫》。该附件主要包括管理和协调，但内容远不及刑法体系的三大公约详细和有力。

（一）《东京公约》——《关于在航空器上犯罪及其他某些行为的公约》

1. 缔结背景

（1）传统国际法的领土管辖（域内管辖）造成航空犯罪管辖缺口　20世纪四五十年代，英美两国发生了几起著名的、在飞机上犯罪却无人管制的案件。

① "美国诉科多瓦"案。1948年8月2日，美国公民科多瓦与桑塔诺看完足球赛后，乘坐美国某航空公司从波多黎各（加勒比海岛屿，美国属地）返回纽约的航班。当飞机飞行至公海上空时，两人因酒后争吵并在机舱尾部斗殴，许多乘客拥至机舱尾部围观，而造成机身倾斜。前来制止事端的机长和女乘务员也遭科多瓦殴打，其中女乘务员重伤。飞机降落后，科多瓦被逮捕，并提交法院审理。结果，受理此案的法官们查遍美国所有相关法律，却找不到对此案管辖的根据。原来，美国相关法律只限国内或公海海面（依据海洋法的船旗国原则），而没有涉及公海上空，最终不得不将案犯释放。

② "英王诉马丁"案。1955年，在巴林飞往新加坡的英国某航班上，机组人员马丁贩运鸦片。当航班返回英国后，检察官对马丁起诉，但当时巴林和新加坡未独立，都是英国的殖民地。根据英国1951年《危险毒品条例》和1949年《民航法》，其法律效率仅限于英国境内而达不到殖民地，最终宣布英国法院无管辖权。

（2）并行管辖引起管辖冲突　例如，在甲国登记的航班，飞经乙国领空时，机上丙国旅客对丁国旅客犯罪。依各国国内法，四国都可以主张管辖，这可能引起管辖冲突。在这种情况下，由哪国优先管辖呢？

为解决以上两大问题，从1956~1962年，法律委员会草拟的公约草案共有1959年慕尼黑稿、1962年3月蒙特利尔稿和1962年罗马稿，几经修改，终于在1963年东京外交会议上签订了正式公约。

2. 适用范围

犯罪定义：①违反刑法的犯罪；②可能或确已危害航空器或其所载人员或财产的安全；③危害航空器内的正常秩序和纪律的行为。

在缔约国登记的民用航空器：如果航空器国籍国不是《东京公约》缔约国就不能适用此公约。

飞行中的航空器：航空器自起飞使用动力时起，至降落终结时止。

具有国际性质："上一起飞地、犯罪当时、下一降落地"至少有其一在其他国家，才适用本公约（都在本国、公海及不属于它国的领土上空适用各国国内法）。

3. 管辖权

管辖权包括两层含义：

司法管辖——规定哪类国家可以对在该航空器内的犯罪和行为行使管辖权。

立法管辖——要求每一缔约国在其国内立法中确认此类犯罪性质并给予惩罚（处罚）。

(1) 登记国管辖权　登记国管辖权是指：无论犯罪发生在何地，航空器登记国对机上犯罪或行为都可以行使管辖权。在某缔约国登记的航空器的犯罪，为引渡之目的，应看做不仅是发生在犯罪地点，而且也是发生在航空器登记国领土上（部分法学家认为：航空器是其登记国的"浮动领土"）。

登记国管辖权是一种新型的、自成一类的域外管辖权，这是公约的关键条款，避免了以往管辖死角或缺口。

(2) 并行管辖体制　国际上刑事管辖的基本原则有四个：属地管辖原则；属人管辖原则；保护管辖原则；普遍适用管辖原则。公约第四条规定下列非登记国的缔约国也有管辖权：

犯罪在该国领土上具有后果；

犯罪人或受害人为该国国民或在该国有永久居所；

犯罪危及该国的安全；

犯罪违反了该国有关航空器飞行或运转的现行规则或规章；

为确保该国遵守其在多边国际协定中所承担的任何义务，有必要行使管辖权。

因各国意见不统一，公约未能规定以上管辖权的优先顺序，并行管辖引起管辖冲突的事情不可避免，这是《东京公约》的不足。

4. 机长的权力

机长权力范围：①装载完毕机舱外部各门关闭时起，到打开任何一扇机舱门以卸载时止；②航空器迫降时，到主管当局接管该航空器及机上人员与财产的责任时止。

机长权力范围比2.中"飞行中"定义的范围更宽。在此权利范围内，机长可以行使以下权力。

(1) 治安权力　只要机长有正当理由认为某人在航空器内已经或即将实施公约所指的犯罪或行为时，为保护航空器或者所载人员或财产的安全，维护航空器内的正常秩序和纪律，机长有权力按照公约规定将此人移交主管当局或让此人下机。

① 对案犯采取包括看管在内的必要的、合理的措施。但看管措施通常应于航空器在人降落（任何地点）后终止施行，除非遇有下列情况，不予终止施行：a. 在非缔约国领土上降落，而该国当局不允许此人下机；或者，此看管措施更能便于移交案犯给主管当局；b. 航空器迫降，而机长不能将此人移交给主管当局；c. 此人同意在受看管的条件下被继续向前运送。

② 机长可以要求或授权其他机组成员进行协助，并可以请求授权旅客给予协助（但不得强求），来看管他有权看管的任何人。

任何机组成员或旅客如果有正当理由认为为保护航空器或者所载人员或财产的安全必须立即行动时，无须经过上述授权，也可以采取合理的预防性措施。

航空器在一国领土降落前，机长应在可能的情况下，尽速将该航空器内有人受看管的事实及其理由通知该国当局（公约第六条）。

(2) 使某人下机权　机长如果有正当的理由认为某人在航空器内可能或确已存在公约规定的"行为"，不论此种行为是否构成犯罪。为保护航空器或者所载人员或财产的安全，维持航空器内的正常秩序和纪律，可在航空器降落的任何国家领土上，令其下机，并应将其下机的事实和理由通知该国当局。

(3) 移交案犯权　机长如果有正当理由认为，某人在航空器内实施的行为，在他看来，按照航空器登记国刑法已构成严重犯罪时，可以将该人移交给航空器降落地的任何缔约国的主管当局。并应在可能的情况下，尽速将其移交意图和理由通知该国当局，同时提供其依据航空器登记国的法律合法掌握的证据和情报。

(4) 免除责任权　对于依据本公约所采取的行动，无论是航空器机长、任何其他机组人员、任何旅客、航空器所有人或经营人，还是为其利益进行此次飞行的人，在因被采取行动的人的待遇遭到损害而提起的诉讼中，都不能被宣布负有责任。

尽管有这条保护措施，机长仍应注意犯罪的事实、行为的轻重、采取行动的必要与合理、证据的提供与保存，同时不能伤及第三者。否则，就不能免除责任。

5. 缔约国的权力与责任

如果降落地国是《东京公约》的缔约国，则有以下权力与责任：

① 准许机长提出的使案犯（扰乱行为者）下机；

② 接受机长移交给他的案犯（严重违反刑法的犯罪）；

③ 采取拘留或其他措施，以保证被指称犯了劫机的任何人和移交给他的任何人能随时被传唤到场。

这种拘留和其他措施应符合该国的法律规定，并不得超过提起刑事诉讼或进行引渡程序所必要的期限。

对上述准许下机、接受移交、拘留的人，在保护和安全方面所给予的待遇不得低于类似情况下给予其本国国民的待遇。

④ 协助被拘留的人，立即与其国籍最近的合格代表（领事馆）取得联系。

⑤ 对拘留的严重犯罪和劫机者，应立即对事实进行初步调查。

⑥ 应将拘留该人和应予拘留的情况立即通知航空器登记国和被拘留人的国籍国，如果认为适当，并通知其他有关国家。按照本条第四款规定进行初步调查的国家，应尽速将调查结果通知上述各国，并说明他是否行使管辖权。

⑦ 视不同情况将案犯遣返到其国籍国，或者到其有永久居所的国家，或者到其开始航空旅行的国家。

⑧ 无论是下机、移交、拘留、遣返或其他措施，都不是视为违反缔约国关于人员入境或许可入境的法律。本公约的各项规定均不影响缔约国关于将人驱逐出境的法律。

(二)《海牙公约》——《制止非法劫持航空器公约》

1. 缔结背景

20 世纪 60 年代末 70 年代初"空中劫持"事件大量增加，1968～1970 年达 200 多起，而 1963 年《东京公约》制止劫机事件缺乏力度。

1963 年《东京公约》第十一条虽然规定了制止劫机的条款，但力度远远不够，它只要求"缔约国恢复或维持合法机长对航空器的控制，准许旅客和机组人员尽快继续其旅行，并将航空器和所载货物交还给合法的占有人"，而没有把劫机行为宣布为犯罪，也没有规定惩戒措施，使 20 世纪 60～70 年代劫机猖獗，某些国家为了政治目的而包庇劫犯。1970 年 12 月 9 日，发生了震惊全球的同一天劫持四架从欧洲飞纽约的大型客机并扣押几百名旅客作为人质的事件。在一片声讨劫机恐怖主义气氛中,《制止非法劫持航空器的公约》于 1970 年 12 月 16 日在海牙诞生了（通称《海牙公约》）。

2. 适用范围

犯罪定义：用暴力或用暴力威胁，或用其他精神胁迫方式，非法劫持或控制该航空器，以及此类任何未遂行为，包括以上行为或未遂行为的共犯（参见公约第一条）。

民用航空器：劫持缔约国的民用航空器构成犯罪，劫持非缔约国的民用航空器同样被认为是犯罪（与《东京公约》不同）。

飞行中：①装载完毕机舱外部各门关闭时起，到打开任何一扇机舱门以卸载时止；②航空器迫降时，到主管当局接管该航空器及机上人员与财产的责任时止（比《东京公约》"飞行中"范围宽，而与《东京公约》"机长权力延伸范围"相同）。

国际性质：起飞地点或实际降落地点是该航空器登记国领土以外，不论该航空器是从事国际飞行或国内飞行。

缺陷：犯罪定义偏窄，犯罪过程限制在飞行中，犯罪行为未考虑勾结机长、贿赂收买机组人员以及诈骗等方式。

3. 管辖权

以下国家可以行使管辖权：①航空器登记国；②降落地国，而所称案犯仍在飞机上；③在干租（不带机组租赁）航空器内发生犯罪，承租人的主营业所在国或者其永久居所国；④逃往它国的罪犯，如果未被引渡给以上三类国家，该缔约国应同样采取必要措施，以确立其对犯罪的管辖权（或引渡、或审判，参见 4）；⑤根据各国国内法行使刑事管辖权。

前三类国家有"主要管辖权"（"较强管辖权"），后两类国家有"辅助管辖权"（"较弱管辖权"），比《东京公约》那种安全的并行管辖前进了一步。

4. 或引渡或审判原则（不引渡则起诉）

庇护权是国家主权权力之一，《海牙公约》签订之前，以"政治庇护"甚至"人道庇护"为由包庇劫机犯的现象普遍存在。在"成立'国际刑事法院'直接审判罪犯"这一超越国家主权的建议未被采纳的情况下，本公约规定即使罪犯逃往无管辖权的国家，该国也应引渡罪犯至有管辖权的国家或起诉审判罪犯。不引渡则起诉原则，对劫机犯布下了恢恢天网，使劫机犯无处安身。

5. 缔约国的权力与责任

① 恢复、维护合法机长对航空器的控制，返还航空器，机组旅客尽速继续旅行（同《东京公约》，参见《东京公约》第十一条）。

② 确定劫机构成严重犯罪，对罪犯拘留、初步调查、引渡或审判（弥补了《东京公约》的缺陷）。

③ 将罪犯情况、本国对以上①、②两项的执行情况尽快报告 ICAO 理事会。

6. 机长的权力

《海牙公约》没有重复《东京公约》有关机长权力的条款。劫机罪属于严重违反刑法的犯罪，所以《东京公约》中关于机长的四项权利完全适用。

我国与《海牙公约》接轨的法律是《全国人大常委会关于惩治劫持航空器犯罪分子的

决定》。

(三)《蒙特利尔公约》——《制止危害民用航空安全的非法行为公约》

1. 缔结背景

1970年2月至5月，在欧洲机场发生6起地面爆炸、袭击民用航空器的暴力事件（多起未遂）。爆炸、袭击民用航空器的事件猖獗，而《东京公约》、《海牙公约》对犯罪所下定义非常狭窄，没有涉及到地面爆炸、袭击民用航空器。

法律漏洞给了这类罪犯寻求政治庇护的理由，1971年《蒙特利尔公约》——《制止危害民用航空安全的非法行为公约》的产生成为必然。

2. 适应范围

犯罪定义的三个特征：非法、故意、危害航空安全。

任何人非法地和故意地实施下列行为，即为犯罪：

① 对飞行中的航空器内的人实施暴力行为足以危及该航空器的安全；
② 破坏使用中的航空器使其不能飞行或足以危及该航空器的安全；
③ 破坏或损坏航行设施或扰乱其工作足以危及飞行中的航空器的安全；
④ 传送他明知是虚假的情报，由此危及飞行中的航空器的安全；
⑤ 以上未遂行为；
⑥ ①～⑤项的共犯。

民用航空：破坏民用航空器以及用于国际航行的设施（机场、通信、导航、气象服务等）。

飞行中的航空器：同《海牙公约》。

使用中的航空器：地面人员或机组为某次飞行而进行飞行准备时起，到任何降落后24小时止。"使用中"应包含"飞行中"定义的时间段。

国际性质：不管该航空器是从事国际飞行还是国内飞行，也不论犯罪过程是否发生在航空器登记国域外，即使在航空器登记国内犯罪但罪犯逃往国外，只要起飞地点或实际或预定降落地点是在该航空器登记国领土以外，就适用本公约（如果被破坏的航行设施仅用于国内航行，则不适用此公约，这是《蒙特利尔公约》的缺陷之一）。

3. 管辖权

在《海牙公约》的基础上增加一个主要管辖权的国家——"在该国域内犯罪的国家"，其余五类有管辖权的国家同《海牙公约》［参见（二）3］。

4. 缔约国权利与责任

缔约国权利与责任的其他规定，如或引渡或起诉原则同《海牙公约》之规定。

5. 1988年《蒙特利尔议定书》

补充1971年《蒙特利尔公约》，弥补了《蒙特利尔公约》留下的重大缺口。针对20世纪70～80年代恐怖主义活动而将《蒙特利尔公约》的犯罪定义增加了两条："任何人使用一种装置、物质或武器，非法地、故意地作出下列行为，即为犯罪。①在用于国际民用航空器的机场内，对人实施暴力行为，造成或足以造成重伤或死亡者；②毁坏或严重损害用于国际民用航空的机场设备或停在机场上不在使用中的航空器，或者中断机场服务以至危及或足以危及机场安全者。"

其余内容同 1971 年《蒙特利尔公约》。

关于机长的权力，在 1971 年《蒙特利尔公约》和 1988 年《蒙特利尔议定书》虽未说明，但鉴于航空破坏是比劫持更恐怖的违反刑法的重要犯罪，完全适用于《东京公约》对于犯罪的第一条定义，因此，《东京公约》中有关机长的一切权力完全适用于 1971 年《蒙特利尔公约》和 1988 年《蒙特利尔议定书》。1971 年《蒙特利尔公约》定义的犯罪比 1970 年《海牙公约》定义的犯罪更加严重，机长应采取一切措施予以制止。

至此，有关我国加入的国际民用航空的 5 个国际公约已介绍完毕，我国没有加入的其他国际公约，本教材不做介绍。

第五节
航 空 器

教学要求
1. 掌握国内航空法三级体系和国际航空法的接轨。
2. 理解《中国民用航空法》的法律地位，了解其主体内容。
3. 理解航空器、国家航空器、民用航空器的定义。
4. 了解航空器的分类。
5. 掌握航空器国籍登记的目的、一国国籍、国籍标志、登记标志、主管部门。
6. 了解民用航空器的权利。
7. 理解航空器适航管理的定义，熟悉适航管理办法、阶段划分、主管部门。

狭义上的法律专指由全国人大或人大常委会制定、以主席令发布。广义上的法律是指由国家制定或认可、并有国家的强制力保证实施的、具有普遍约束力的行为规则——法规。

国家的法律体系包括：宪法、法律、国务院的行政法规和法规文件、地方性法规和法规性文件、自治条例和单行条例、特别行政区的规范性法律文件。

本教材从第五节开始介绍我国广义上的有关民用航空的法规。

我国国内航空法由法律、行政法规和法规性文件、民航行业规章三级构成。

1. **法律**

法律的两大特征是：由全国人大或全国人大常委会审议颁布并制定罚则。如《中国民用航空法》、《关于惩治劫持航空器犯罪分子的决定》。

（1）《中国民用航空法》的法律地位　《中国民用航空法》由民航总局于 1979 年负责起草、国务院多次审议、经第八届全国人大常委会第十六次会议于 1995 年 10 月 30 日通过，1996 年 3 月 1 日起实施。这是我国民航法规中的最高级别，是我国民航法规的"母法"。

（2）《中国民用航空法》的颁布目的　为了维护国家的领空主权和民用航空权利，保障民用航空活动安全和有秩序地进行，保护民用航空活动当事人各方的合法权益，促进民用航空事业的发展。

（3）《中国民用航空法》的主要内容　与缔结的民用航空三大体系的五个国际公约接轨，使国际法的规定在国内法中得以确认和实施保证。

与《芝加哥公约》接轨的内容有：领空主权原则；授权国务院民用航空主管部门（民航总局）统一监督管理全国的民用航空活动并制定相应的行业规章；航空器的法律地位；航空人员的法律地位；民用机场管理；空中航行规则；通用航空；搜寻援救和事故调查；与所缔结的国际条约及国际惯例的关系；罚则。

与华沙体系相似的内容有：第三章民用航空器权利和第九章公共航空运输。

《中国民用航空法》（第191～199条，第212条）、《中华人民共和国刑法》（第100条，第103条，第105～108条，第110条，第113～115条，第159条，第163条，第187条）、《全国人大常委会关于惩治劫持航空器犯罪分子的决定》对国际航空刑法的四个文件进行了确认和量刑（立法管辖），并将适用范围扩大到国内飞行阶段。但国内法中有关"免除机长责任权"不够明确。

2. 行政法规和法规文件

为了从法律上约束与民用航空有关的一些部门（包括地方政府），保护民用航空的健康发展，由民航总局负责起草，报国务院审议，由国务院颁发这类关于民用航空的行政法规和法规性文件。

每一行政法规具有单一性，只就民用航空的某一方面单独成文。例如《民用航空器适航管理条例》、《外国民用航空器飞行管理规则》、《中华人民共和国搜寻援救民用航空器的规定》、《中华人民共和国民用航空安全保卫条例》等（参见《国务院发布的关于民用航空的行政法规选编》）。

《中华人民共和国飞行基本规则》也属这一级别法规，考虑与军航系统的协调，该规则由国务院、中央军委联合颁发，内容涉及领空主权、空域管理、飞行管制、空中航行的飞行规则和飞行间隔（而未涉及航空运输、经济利益等民事内容）等。我国境内凡拥有航空器的部门（空军、海军航空兵部队、海关、警察、民航、体委航空俱乐部等）都应遵守该基本规则。该规则在空中航行方面具有"国家空中航行法"的性质。

3. 民航行业规章

由民航总局（或与有关部委联合）起草，以民航总局局长（或联合）命令的形式颁发，并在《中国民航报》上刊登。

行业规章以国际民航组织18个附件为依据，以航行服务程序等国际民航组织的技术规范为参考，结合本国实际而制定，通常编入中国民用航空规章（CCAR），它们只能约束民航内部。例如《中国民用航空飞行规则》、《中国民用航空空中交通管理规则》、《中国民航飞行学院招收飞行学生实施办法》（民航总局、国家教委、公安部发布）、《中国民用航空飞行人员训练管理规定》、《中国民航签派执照管理规则》等。

民航总局下属司、局或地区管理局颁发的规定、标准、程序、手册、指南等严格意义上讲不属于航空法规体系，其主要目的是为了更准确地执行有关航空法规。如《中国民用航空空中交通管制程序标准》、《中国民用航空无线电通话手册》等。

航空人员掌握国内法是基本要求，了解相关的国际航空法才能融会贯通。

每一个航空人员都应理解高级别航空法律，以保证工作中不违法。但是低级别的行业规章才更具有可操作性，每一个航空人员都应熟悉它的框架，与本专业最直接的行业规章应熟练掌握，才能运用自如。

国内法很大程度上反映了国际法，国内三级法规是对一级、二级法律法规的细化。以下不再分别介绍中国民航三级法规体系的每一部法规，而是综合三级法规的各知识点，重点介绍对航空器、航空人员、机场、空中航行的管理以及搜寻援救和事故调查程序等。

（一）航空器国籍和登记

1. 航空器定义

在地球大气层内或大气层之外的空间（含地球空间、行星和行星际空间）飞行的器械通称飞行器。通常，飞行器分为以下几类：

航空器——在大气层内飞行；

航天器——主要在大气层之外的空间飞行（如人造卫星、宇宙飞船、空间站、航天飞机）；

火箭——靠自身携带的燃料提供推进力；

导弹——依靠制导系统控制其飞行轨迹。

航空器是大气层中靠空气的反作用力，而不是靠空气对地（水）面的反作用力作支撑的任何器械。包括气球、飞艇、滑翔机、直升机、飞机等。

根据航空器的定义可知：卫星、宇宙飞船、空间站、航天飞机、火箭、导弹、气垫船不属于航空器范畴。

飞机只是航空器的一种。然而，随着民用航空运输的发展，现代意义上的航空器在很大程度上是指飞机。但是，航空法规为了其规范性和完整性必须使用航空器这个名词。

2. 航空器分类

根据国际民航组织附件七，对航空器进行以下分类：

航空器	轻于空气的航空器	气球（如热气球、氢气球）
		飞艇
	重于空气的航空器	固定翼航空器（飞机、滑翔机）
		旋翼航空器（直升机、旋翼机）
		扑翼机（模仿鸟类翅膀，尚未成功）

3. 国家航空器与民用航空器

按航空器功能性而非所有权来区分，可以分为国家航空器和民用航空器。航空法只适用于民用航空器。

国家航空器：用于军事、警察、海关以及国家特殊用途的航空器，如专机。

民用航空器：除国家航空器之外的航空器，主要用于公共航空运输和通用航空。

4. 航空器的国籍和登记

由于航空活动的国际性，航空器受哪个国家的法律保护？享受什么权利和履行什么义务？这取决于该航空器在哪个国家注册登记。

航空器的国籍原则承认了航空器依其国内法具有一定法律人格，并据此烙上本国国籍的印记，从而使该国在国际法上享有国籍规则的若干权利（管辖权、保护权、管理权）与义务。

航空器具有其登记的国家的国籍。

航空器在一个以上国家登记不得认为有效，但其登记可以由一国转移至另一国。也就是说航空器不能具有双重国籍。

双重国籍的不良后果：

① 两个国籍国对同一航空器在管辖和保护上的冲突，从而影响两国的关系；

② 两国同时要求同一航空器所有人或经营人履行义务，而使之在法律上处于困境；

③ 第三国可以把具有双重国籍的航空器视为两国中任何一国的航空器来对待，使其无法享有国籍国按照国籍原则所提供的保护和监督。

航空器在任何缔约国登记或转移登记，应按该国的法律和规章办理。

从事国际航行的每一航空器应载有适当的国籍标志和登记标志。

国籍标志须从国际电信联盟分配给登记国的无线电呼叫信号中的国籍代号系列中选择，并通知国际民航组织。国籍标志由一组字组成，如中国（B）、美国（N）、日本（J）、瑞典（SE）、瑞士（HB+国徽）、新西兰（ZK，ZL，ZM）、巴哈马（C6）、索马里（60）、新加坡（9V）。

登记标志必须是字母、数字或者两者的组合，由登记国指定。登记标志在国籍标志之后，如果登记标志的首位是字母，则在国籍标志与登记标志之间加一短划"—"。我国与之略有差异：我国民用航空器的登记标志为四位数，但仍在国籍标志与登记标志之间加"—"。例如：B—3621。

在《空中交通管理基础》教材中附有中国民用航空器登记编号表，在此不再重复。

国籍和登记标志通常应绘制在"机翼－尾翼"之间的机身两侧及右机翼的上表面和左机翼的下表面（字体、字号、长宽比列、粗细、修饰等，在《国际民用航空公约》附件七中都有详细说明，我国民用航空器国籍登记的其他规定参见《中国民用航空法》第1~9条及下级法规）。

（二）民用航空器权力

民用航空器权利，包括对民用航空器构架、发动机、螺旋桨、无线电设备和其他一切为了在民用航空器上使用的（无论安装于其上或者暂时拆离）物品的权利。

1. 权利登记的内容

民用航空器所有权、购买占有权、六个月以上租赁占有权、抵押权应当进行登记。民用航空器权利登记属于私法性质，航空器权利经登记后受登记国法律的保护，可以对抗第三人，未经登记则不能对抗第三人。

"第三人"是指非协议或交易的一方，但在其中具有权利的人。"对抗第三人"是指对同一权利可以驳斥第三人而维护自己的权利主张。例如：航空器所有人将航空器出租给承租人，承租人依据租赁合同对航空器享有占有和使用权，而没有所有权，但是承租人却将航空器转让给第三人，该第三人不知实情而受让了该航空器，如果航空器所有人依法登记了所有权，在上述情况下，即可以对抗第三人将航空器追索回来；如果没有办理所有权登记手续，所有人就不能对抗第三人，只能向承租人提出损害赔偿要求。

2. 民用航空器所有权

所有权的取得、转让（应当签订书面合同）和消灭，应当向民航总局登记；未经登记的，不得对抗第三人。

3. 民用航空器抵押权

设定抵押权，由抵押权人和抵押人共同向民航总局办理抵押登记；未经登记，不得对抗第三人。抵押权设定后，未经抵押权人同意，抵押人不得将被抵押民用航空器转让给他人。

4. 民用航空器优先权

民用航空器优先权是指债权人向民用航空器所有人、承租人提出赔偿请求，对产生该赔偿请求的民用航空器具有优先受偿的权利。下列各项债权具有民用航空器的优先权：①援救该民用航空器的报酬；②保管维护该民用航空器的必需费用。

民用航空器优先权先于民用航空器抵押权受偿；民用航空器优先权不因民用航空器所有权的转让而消灭。但是，民用航空器经依法强制拍卖的除外。在执行人民法院判决以及拍卖过程中产生的费用，应当由民用航空器拍卖所得价款中先行拨付（参见《中国民用航空法》第10～33条）。

5. 民用航空器租赁

民用航空器租赁合同，包括融资租赁合同和其他租赁合同，应当以书面形式订立。

民用航空器的融资租赁，是指出租人按照承租人对供货方和民用航空器的选择，购得民用航空器，出租给承租人使用，由承租人定期交纳租金。融资租赁期间，出租人依法享有民用航空器所有权，承租人依法享有民用航空器的占有、使用、收益权。民用航空器融资租赁中的供货方，不就同一损害同时对出租人和承租人承担责任。

（三）航空器适航管理

影响飞行安全的因素很多，主要有：航空器的适航性、空中交通管制、气象、飞行标准、通信导航标识设施、保安措施等。

对民用航空器进行适航管理，是民用航空器自始至终都满足保证飞行安全所必需的、最基本的飞行品质，是一个国家发展民航运输业和民航制造业十分关键的环节。

1. 有关适航的定义

适航性：航空器适合空中航行并能保证飞行安全应具备的最低飞行品质特性。

适航标准：航空器应具备的最低飞行安全标准（最低飞行品质），由民航总局颁布。适航标准是对适航性的技术描述。

适航管理：以保证民用航空器的安全为目标，以国务院民用航空主管部门制定的各种最低安全标准为技术基础，对民用航空器的设计、制造、使用和维修四个环节进行科学的、统一的审查、鉴定、监督和管理，分为初始适航管理（设计、制造环节）和持续适航管理（使用、维修环节）两个阶段，范围涉及航空器、发动机、螺旋桨和航空器上的设备。

2. 管理阶段

（1）初始适航管理　是指在航空器交付使用之前，民航总局根据各类适航标准和专用条件对民用航空器的设计、制造所进行的管理。对航空器设计和制造单位进行审查、评估、颁发证件、监督检查。

（2）持续适航管理　是指在民用航空器满足初始适航管理要求，取得适航证，并投入运营后，为保持它在设计制造时的基本安全水平或适航水平所进行的管理。是对航空器使用、维修所进行的管理。通过建立故障反馈系统、发布适航指令，对新发现的不安全因素，责成航空器有关单位采取纠正措施，保持航空器的适航性。

航空器的设计单位、制造单位、航空公司、航空器维修单位都有责任保证航空器的适航性。具体地说就是要保证航空器设计的完整性、制造的高质量符合（设计）性、维护和维修的持续适航性。任何一方如未完全履行自己的责任，一切将毁于一旦。因为优秀设计、成功制造的航空器，如未进行相应的维护，就不具备安全性能；反之，低水平的设计和粗劣的制造，即使用最完美的维修手段也堵塞不了各种漏洞和缺陷。适航管理部门处于这多方之间，通过制定适航标准等法规公正地对他们进行审定和监督检查，及时采取措施，使其遵守适航规章，以符合适航标准，从而保证飞行安全。

3. 有关适航证件（5种）

① 型号合格证——设计：航空器、发动机、螺旋桨、机上设备；型号认可证书（从国外首次进口）。

② 生产许可证——制造：航空器、发动机、螺旋桨、机上设备。

③ 适航证——使用：航空器；承认或另发适航证（租赁外国航空器）；出口适航证（出口到外国）。

④ 维修许可证——维修：航空器、发动机、螺旋桨、机上设备。

⑤ 国籍登记证。

4. 适航管理部门

（1）国务院　制定适航管理规定。如1987年5月4日颁布《中华人民共和国民用航空器适航管理条例》。

（2）民航总局　颁布适航标准，实施全面适航管理。颁布的主要适航标准如下：

CCAR—21《民用航空器产品和零件合格审定的规定》

CCAR—23《正常类、实用类、特技类、飞机适航标准》

CCAR—25《运输类飞机适航标准》

CCAR—27《一般类旋翼航空器适航标准》

CCAR—29《通勤类飞机适航标准》

CCAR—33《航空发动机适航标准》

CCAR—35《螺旋桨适航标准》

（3）适航司　具体负责民用航空器适航管理工作。下设：适航处、适航联络处、适航审定处、适航检查处、适航双边处、维修协调处；分设：航空器适航中心（北京）、地区管理局适航处（各地区管理局适航处业务上受民航总局试航司领导）、航空器审定中心

（上海、西安、沈阳、成都）。

综上所述，适航管理工作是一个动态跟踪的管理过程，它保证航空器从设计开始到退役为止，始终处于严格的控制和管理之中。在这一过程中，适航管理部门、设计制造单位、使用维修单位各自承担着不同的责任，共同执行统一的以技术为基础的一整套法规和证件管理系统，有效地保持航空器的适航性，不断提高飞行安全水平。（参考《中国民用航空法》第34～38条、《中华人民共和国民用航空适航管理条例》）

第六节 航空人员、民用机场

教学要求

1. 了解航空人员、空勤人员、飞行人员的划分。
2. 熟悉机场的组成，机长的权利和义务。
3. 掌握航空人员管理的基本内容和主要法规。
4. 了解民用机场的定义、分类、机场建设管理总体要求。
5. 熟悉国家对机场净空保护的内容。
6. 了解机场运行最低标准的制定与实施规定。
7. 掌握关闭机场的一般规定。

空中航行缺少不了驾驶员和其他空、地勤人员，对于有效而安全的运行来说，他们的能力、技巧和训练仍然是必要的保证。适当的人员训练和颁发执照也在国家之间逐渐树立信任，导致国际上互相承认和接受资格与执照以及旅客们对于航空的信赖。

人是航空器运行链条中关键的一环，但人的本性也是最为灵活多变的。需要适当的训练以便把人们的错误减低至最低限度并使他们成为有能力、灵巧、熟练、能够胜任工作的人员。国际民用航空组织的训练手册和附件一说明为培养各种工作的熟练程度所需的各种技能，以帮助取得职业资格。附件一的体格标准可用作身体可能丧失工作能力的早期警报，并通过对飞行组人员和空中交通管制员进行定期体格检查，以有助于他们的全面健康。

颁发执照是授权进行指定活动的行为。如未领得执照，禁止从事该项活动，因为不正确地进行这种活动可能导致严重后果。执照的申请人必须符合某些规定的要求。这些要求是与所任工作的复杂程度成比例的。颁发执照是检查考试，是随机地检查体格是否合格和测试能力能否胜任，以保证申请人能独立工作。所以，要达到全面胜任，训练和颁发执照是不能分割的。

航空人员的业务素质、技术水平和身体健康状况对民用航空活动的安全至关重要，同时也决定着民用航空事业的发展水平。

一、航空人员（CCAR60~70部）

航空人员，是指下列从事民用航空活动的空勤人员和地面人员。

(1) 空勤人员　是指在飞行中的航空器上执行任务的人员，通常包括飞行人员、乘务人员、航空摄影员和安全保卫员。

飞行人员，是指在飞行中直接操纵航空器和航空器上航行、通信等设备的人员，包括驾驶员、领航员、飞行通信员、飞行机械员（工程师）。

(2) 地面人员　包括民用航空器维修人员、空中交通管制员、飞行签派员、航空电台通信员。

注：参考《中国民用航空飞行规则》第九条，《中国民用航空法》第44~50条。

二、航空人员的技术和健康管理

包括体检、训练、考核、颁发执照和技术档案管理。民航总局颁发的主要管理法规如下。

- CCAR-60FS-R1《雇用外籍飞行人员从事公共航空运输飞行的暂行规定》（1993年6月8日民航总局令第33号发布，1997年1月6日民航总局令第60号修订）。
- CCAR-61R1《民用航空器驾驶员、飞行教员和地面教员合格审定规则》（1996年8月1日民航总局令第51号发布，2003年第一次修订）。
- CCAR-62FS《中国民用航空飞行人员训练管理规定》（1998年7月3日民航总局令第77号发布）。
- CCAR-63FS《民用航空器领航员、飞行机械员、飞行通信员合格审定规则》（1996年8月1日民航总局令第52号发布）。
- CCAR-65AA-R1《民用航空器维修人员合格审定的规定》（1991年2月10日民航总局令第17号发布，1995年12月14日民航总局令第46号修订）。
- CCAR-65FS《中国民用航空飞行签派员执照的暂行规定》（1999年10月15日民航总局令第89号）。
- CCAR-65TM-Ⅰ-R1《民航航空电信人员执照的暂行规定》（1986年7月1日生效，1997年1月6日民航总局令第60号修订）。
- CCAR-65TM-Ⅱ-R1《关于颁发民航气象人员执照的暂行规定》（1986年9月8日发布，1997年1月6日民航总局令第60号修订）。
- CCAR-65TM-Ⅲ-R1《关于航行情报员执照的暂行规定》（1986年3月15日发布，1997年1月6日民航总局令第60号修订）。
- CCAR-66TM-Ⅰ-R2《中国民用航空空中管制员执照管理规则》（1986年4月14日发布，1997年1月6日民航总局令第60号第一次修订，1999年1月8日民航总局第82号第二次修订）。
- CCAR-67FS《中国民用航空卫生工作规则》（1991年9月5日民航总局令第21

号发布)。

• CCAR-68SB《航空安全员管理规定》(1997年12月31日民航总局令第72号发布)。

• CCAR-69FS《民航运输飞行人员飞行时间、值勤时间和休息时间的规定》(1993年8月25日民航总局令第35号发布,1997年1月6日民航总局令第60号修订)。

• CCAR-70TM《中国民用航空空中交通管制岗位培训管理规则》(1998年8月1日民航总局令第79号发布,2001年3月19日民航总局令第99号修订)。

1. 飞行人员技术管理(飞行技术专业)

(1) 主要规章、法规

• 《中国民用航空飞行人员训练管理规定》(CCAR-62FS)。
• 《民用航空器驾驶员、飞行教员和地面教员合格审定规则》(CCAR-61R1)。
• 《民航运输飞行人员飞行时间、值勤时间和休息时间的规定》(CCAR-69FS)。

(2) 飞行技术管理部门

• 飞行标准司(民航总局)。
• 飞行标准处(地区管理局、航空公司、学院)。

(3) 飞行技术管理人员

• 飞行检查人员——航空器运营人和训练机构。
• 委任飞行检查代表——民航总局和地区管理局。
• 飞行标准监察员——民航总局和地区管理局。
• 总飞行师(技术负责人)——运营人和训练机构。

(参照CCAR-62部第9~14条)

(4) 飞行人员的训练 主要包括：基础训练/初始训练/转机型训练/差异训练/升级训练/增加仪表等级训练/增加Ⅱ类仪表运行授权训练/转作业项目训练/定期训练/重新获得资格训练。

(5) 飞行人员的训练程序 理论教学/驾驶舱程序训练或驾驶舱实习/飞行模拟机训练/本场训练/航线训练(不载客)或通用航空作业项目训练。(参照77号令第28条、第29条)。

(6) 技术档案管理 包括：飞行记录簿/飞行经历记录本/运行经历/转机型、升正驾驶、转教员、转专业、地升空审查报告表/各种训练情况的记录和检查考试成绩单/毕业、结业证明/奖惩证明/事故、事故征候结论。

(7) 申请执照的基本要求

• 年龄 不小于：私用飞机(直升机)执照17岁/商用飞机(直升机)执照18岁/运输飞机(直升机)执照21岁。
• 知识 航空法、航空器的一般知识、飞行性能和计划、人的性能和限制、气象学、航行、操作程序、飞行原理、无线电话、英语(陆空通话、飞行专业英语)。
• 经验 飞行时间(转场飞行时间、夜间飞行时间、仪表飞行时间、模拟机时间、飞行次数及作为操作驾驶员次数等)。
• 技能 飞行工作的四个阶段；正常、非正常、紧急情况；机组协调等能力。具体指该型航空器、发动机和各种设备的使用及航空器飞行性能;飞行机组成员的工作职责、协调配合和驾驶舱资源管理;飞行中特殊情况的处置。

• 体检合格　私用飞机(直升机)二级体检评定书/商用飞机(直升机)一级体检评定书/运输飞机(直升机)一级体检评定书。

(参见《国际民用航空公约　附件一》第二章、第六章的相关内容及 CCAR-61 部、CCAR-62 部)。

(8) 执照等级　私用飞机(直升机)执照/商用飞机(直升机)执照/民航运输飞机(直升机)执照仪表等级、Ⅱ类仪表运行授权、多发等级。

(9) 技术授权　副驾驶/见习机长/机长/飞行教员。

优秀机长和飞行教员是飞行检查人员、委任飞行检查代表、飞行标准监察员、总飞行师(技术负责人)的候选人。

2. 空中交通管制员技术管理

(1) 主要法规、规章　《中国民用航空空中交通管制员执照管理规则》(CCAR-66TM-I-R2)。

《中国民用航空空中交通管制岗位培训管理规则》(CCAR-70TM)。

(2) 技术管理部门　民航总局空中交通管理局(其下属空管处为具体办事机构)、地区管理局空管局(其下属空管处为具体办事机构)、省市区局及民航飞行学院(空管处、航行处、航气处等)。

(3) 技术管理人员　总局空管执照检查员、地区管理局执照检查员、省市区局执照检查员。

(4) 空管人员的训练程序　院校理论培训、岗位培训、申请执照。

① 院校理论培训。院校理论培训的目的是学习民航基础理论,掌握空管理论知识,养成生在校学习时间为四年,其课程和大纲应经总局空管局审查。目前中国民航飞行学院、民航学院、南京航空航天大学民航学院具备招收该专业的资格。

② 岗位培训(CCAR70 部)。空中交通管制岗位分为区域、进近、塔台、总调、管调和报告室。各岗位培训大纲应当按附件一《区域管制岗位资格培训大纲》、附件二《塔台和进近管制岗位资格培训大纲》和附件三《总调、管调、报告室岗位资格培训大纲》进行培训。

岗位培训方式通常包括课堂教学、模拟操作和实地操作三部分。

岗位培训按性质分为上岗前培训、资格培训、设备培训、熟练培训、复习培训、附件培训、补习培训和追加培训。

A. 岗位培训——上岗前培训

方式:主要是课堂教学,培训时间不得少于 40 小时。

内容:

a. 本地区空中交通管制现状、管制协议、特殊规定、气象特征、所用设备情况;

b. 本地区有关机场的地理位置,通信导航设备的种类及位置;

c. 航空器性能;

d. 国内、国际航图的判断;

e. 全国情报区、管制区的划分；

f. 程序管制和雷达管制的异同点；

g. 进程单的填写方法；

h. 航空电报的编发规定；

i. 外国航空器飞行管理规定；

j. 专机保障的有关规定。

B. 岗位培训——资格培训。是使受训者具备在空中交通管制岗位工作的能力，为获得独立上岗工作资格所进行的培训。资格培训的预计培训时间不得少于1000小时。我国通常为1～3年，然后可以申请执照。

C. 岗位培训——设备培训

目的：使受训者具备熟练使用空中交通管制设备的能力。

内容：设备的简单工作原理和构成，功能及正确的操作方法，使用注意事项及禁止事项。

D. 岗位培训——熟练培训。长时间脱离管制岗位的管制员、重新恢复管制工作前的培训：

持续脱离该岗位时间	复训时间
90 天	熟悉有关资料、程序和规则
90～180 天	不少于 40 小时
180～一年	不少于 60 小时
一年以上	不少于 100 小时

E. 岗位培训——复习培训

目的：是使空中交通管制员熟练掌握应当具备的知识和技能，并能处理工作中很少遇到的设备故障和航空器突发的不正常情况。

每年至少一次，其中雷达模拟机培训和程序管制培训时间分别不少于 40 小时。

内容：

a. 航空器在运行过程中突发的非正常情况

- 航空器无线电失效。
- 航空器座舱失压。
- 航空器被劫持。
- 航空器发动机空中失效或失火。
- 航空器空中放油。
- 航空器迷航。

b. 空管设备运行过程中突发的非正常情况

- 二次雷达失效，用一次雷达替代二次雷达工作。
- 雷达全部失效，由雷达管制转换到程序管制。

• 其他设备故障。

F. 岗位培训——附件培训。使空中交通管制员熟悉新的或修改的程序、规则。

G. 岗位培训——补习培训。改正管制员工作技能存在缺陷的培训，由基层培训主管、检查员视情况组织实施。管制员经过补习培训，未能改正缺陷，暂停其管制工作。

H. 岗位培训——追加培训。由于受训者本人原因，未能完成上述培训，应当增加的培训。

③ 申请执照

A. 基本条件　中国公民，20～60岁，品德良好，在民航总局认可的训练机构经过空中交通管制专业课程学习并考试及格，身体健康，口齿清楚，不得有口吃、难以听懂的口音或其他言语缺陷［具有大专（含）以上学历，但在本规则施行前已经取得执照的人员不受此限制］。

B. 基本知识

a. 航空法、空中规则、ATC措施与程序等法律、法规、规章。如《中华人民共和国民用航空法》、《中华人民共和国飞行基本规则》、《中国民用航空空中交通管制规则》、《中国民用航空飞行规则》。

b. 航空通信设备的工作原理及使用程序，通信联络术语。

c. 导航设施的类型（包括目视灯光、无线电、电子、卫星）、工作原理及使用程序和限制。

d. 飞行原理和航空器性能（包括军方有关航空器）。

e. 领航学：推测和无线电领航方法、航图作业、航线飞行设计拟定、高度表拨正程序。

f. 气象学：气象资料中符号、代码的含义和使用，看懂天气图并会分析天气形势，各种天气系统及天气要素对飞行的影响，气象情报提供程序。

g. 航管雷达设备的工作原理、使用和限制。

h. 雷达管制的基本知识和使用程序。

i. 对飞行场道及净空的要求，机场最低运行标准的制定。

j. 目视和仪表飞行程序设计。

k. 航行资料汇编、航空电码简语简字。

l. 普通话、英语。

除以上基本知识外，按塔台、进近、区域等不同岗位的要求，还应当有选择地具备下列知识：管制规则和工作程序；障碍物分布；扇区最低安全高度；导航设施的类别、方位、距离、呼号、频率；重要天气特征及对飞行的影响，复杂天气条件下的飞行程序；管制移交协调规定；进、离场飞行程序；电报编发；特请处置程序；搜寻援救程序和设施能力。申请雷达管制执照，还应当具备雷达管制的有关知识。

C. 基本经验　圆满完成规定的岗位资格培训；在持有执照的管制员监督下，独立进行空中交通管制工作一至三个月以上，而且工作良好。

根据所申请执照的同类型，还应具备下列经验：

类别	第一次申请此类执照(在持有执照的管制员监督下,独立进行空中交通管制工作,不少于)	已持有相应执照变更工作地点(在持有执照的管制员监督下,独立进行空中交通管制工作,不少于)
塔台管制员	1个月	1个月
进近管制员	3个月	2个月
区域管制员	3个月	2个月
进近雷达、区域雷达管制员	3个月	2个月
报告室管制员	1个月	1个月
管调管制员	1个月	1个月
总调管制员	1个月	

D. 基本技能

a. 领航计算。

b. 正确运用各种气象、航行情报资料。

c. 熟练使用各种空管设备。

d. 航行情报的编发。

e. 紧急处置程序的实施。

f. 熟练进行地/地、地/空通信。

g. 能用英语就本专业范围内的工作进行会话、阅读、编写电报,并胜任陆空英语通话(仅限国际机场和负责国际航线指挥的各管制室的管制员)。

h. 能够按照规则的要求掌握各类工作程序,正确实施管制,合理调配飞行间隔。

根据申请执照的类别不同,其经验要求有所不同。

体检合格:三级医学条件(《民用航空空中交通管制员体格检查鉴定标准》)。

(参见《国际民用航空公约 附件一人员执照的颁发》、CCAR66部)

3. 签派人员技术管理

(1) 法规 《中国民用航空飞行签派员执照管理规则》CCAR-65FS(1999年10月15日民航总局令第89号发布)。

(2) 基本条件 年满21周岁;品德良好;身体健康(三级医学条件,见《民用航空空中交通管制员体格检查鉴定标准》),口齿清楚,能清楚地读、讲和理解汉语;具有大专(含)以上的学历;在民航总局认可的训练机构经飞行签派专业训练并考试合格。

(3) 基本知识

① 航空法规,有关飞机运行的规章、规则及相应的空中交通服务措施和程序。

② 航空器的一般知识,航空器动力装置、系统和仪表的操作原理,航空器和动力装置的使用限制,最低设备清单。

③ 飞行性能计算与计划程序,装载及重量分布对飞机性能、飞机特性的影响,重量和平衡计算,运行飞机计划,燃油消耗与航程计算,备降机场的选择程序,航路巡航控制,延伸航程运行,空中交通服务飞行计划的准备与申报,计算机辅助计划系统的基本原理。

④ 航空气象学,气压系统的移动,锋面结构和影响起飞、航路和着陆条件的重要天

气现象的起源和特征，航空气象报告、图表和预测的判读及应用，代码和简字，气象资料的使用以及获取气象资料的程序。

⑤ 导航设备、设施的工作原理、性能和使用。

⑥ 运行设施，航行文件的使用，与飞行事故和事件相关的程序，应急飞行程序，与非法干扰及破坏航空器有关的程序，与相应的航空器类别有关的飞行原理。

⑦ 无线电通话，与飞机及相关地面站通信的程序。

⑧ 专业基础英语。

（4）经历

① 前三年中至少总计有两年担任：飞行机组人员/气象分析员/空中交通管制员/飞行性能工程师。

② 担任飞行签派员助理人员或运行控制人员至少一年。

③ 在民航总局批准的训练机构已圆满完成了飞行签派员的训练课程。

④ 前 6 个月内，应当在有执照的签派员的监督下完成至少 90 个工作日的实习。

（5）技能

① 根据系列天气图和报告，传出飞机运行可以使用的、准确的天气分析；提供运行上有效地、特定航路附近主要天气条件的简介；预报与飞机运行相关的天气趋势，特别是目的地机场和备降机场的天气趋势。

② 确定给定航段的最优飞行航迹，制订准确的人工或计算机飞行计划，或者两者结合的飞行计划。

③ 模拟恶劣天气条件下，对飞行实施放行和运行监督并提供协助。

4. 情报人员技术管理

（1）法规　《关于航行情报员执照的（暂行）规定》CCAR-65TM-Ⅲ-R1（1986 年 3 月 15 日发布，1997 年 1 月 6 日民航总局令第 60 号修订）。

（2）知识　类似于签派，不同的地方在于航行情报的来源；收集、整理、发布航行通告；航行情报资料的分布、分类、管理；目视和仪表飞行程序设计等内容。

三、民用机场（CCAR150～179 部）

1. 民用机场定义

是指专供民用航空器起飞、降落、滑行、停放以及进行其他活动使用的划定区域，包括附属的建筑物、装置和设施。《中国民用航空法》中所指民用机场不包括临时机场。

（参见《中国民用航空法》第 53 条、《国际民航公约　附件十四机场》）

2. 分类

我国的机场按使用性质分为：军用机场、军民合用机场和民用机场。

民用机场按使用范围分为：运输机场和通用航空机场；按是否对外开放分为：国际机场和国内机场。

军民合用机场由国务院、中央军事委员会另行制定管理办法。本课程只介绍民用机场的管理。

四、民用机场管理

民用机场管理主要包括对民用机场的规划、设计、设备、运行等方面的管理。涉及：机场道面、助航灯光和标志、机场净空、旅客航站楼、附属设施（通信、导航、雷达、气象、ATC）、最低运行标准、安全保卫等诸多要素，同时还要考虑到与地方经济发展、城市规划、环境保护的协调，其范围是极其广泛的。

1. 主要法规
- 《中国民用航空法》。
- 《关于建设机场和合用机场审批程序若干规定》（国务院办公厅、中央军委办公厅 1985 年 7 月 11 日）。
- 《民用机场管理暂行规定》（国务院 1986 年 4 月 6 日 43 号文件）。
- 《民用机场管理规定实施办法》（民航总局 1991 年 9 月 29 日）。
- 《民用航空运输机场飞行区技术标准》（民航总局 1985 年 8 月 12 日）。
- 《民用机场飞行区管理基本技术要求》（民航总局 1991 年 7 月）。
- 《关于保护机场净空的规定》（国务院、中央军委 1982 年 12 月 11 日 38 号文件）。
- 《民用机场收费标准》（民航总局、财政部、物价局 1992 年 2 月 13 日）。
- 《中国民用航空无线电管理规定》（民航总局 1990 年 5 月）。
- 《机场运行最低标准的制定与实施规定》CCAR97 部（民航总局 98 号令）。

2. 管理部门

国务院——国际机场（民航总局统一对外公布资料）。

民航总局——飞行区等级 4D 及 4D 以上。

地区管理局——飞行区等级 3C 及 3C 以下（报总局备案）。

省、区、市局——校准辖区内机场申请书、文件、资料，向上转报。

飞行区等级中数字 1、2、3、4，字母 A、B、C、D、E 的含义：ICAO 根据跑道的长短和所能起降的航空器的类型来确定飞行区等级。根据民用机场飞行区使用的最大飞机的基准飞行场地长度分为 1、2、3、4 四个等级；根据该机场飞行区使用的最大飞机的翼展和主起落架外轮外侧间的距离，从小到大分为 A、B、C、D、E 五个等级。

国际机场的基本要求为：飞行区等级 4D 及 4D 以上/可用跑道长度≥1800 米，可用最大飞机翼展（52，60）米，主起落架外轮外侧间距（9，14）米/Ⅰ类仪表着陆系统，（决断≥60 米，VIS≥800 米/或 RVR≥550 米）/具有良好的设施和服务，符合国际航行简化手续的要求。

3. 民用机场建设管理

（1）规划
- 全国建设规划—民航总局会同国务院其他部门制定—统筹安排、合理布局。
- 省区市建设规划—根据全国民用机场建设规划制定—与城市建设规划相协调。
- 符合标准并经批准。
- 县级以上人民政府发布公告、登报、张贴通告。

（2）设计 符合《民用航空运输机场飞行区技术标准》、《民用机场飞行区管理基本技术要求》。

4. 民用机场使用许可证

民用机场经验收合格，取得机场使用许可证，方可开放使用。

民用机场使用许可证由机场管理机构向民航总局申请，经其批准后颁发。

申请机场使用许可证应具备的条件：机场修建批准文件和工程验收合格文件/飞行区、航站区、工作区/空中交通管制、通信导航、气象/安全保卫/应急计划/民航总局规定的其他条件/海关、边防、卫生检疫、动植物检疫等口岸检查机关（国际机场）。

（参见《中国民用航空法》第62～63条，《民用机场管理暂行规定》）

5. 民用机场净空保护

禁止民用机场范围内和机场净空保护区域从事下列活动：

① 修建可能在空中排放大量烟、尘、火焰、废气而影响飞行安全的建筑物或设施；
② 修建靶场、强烈爆炸物仓库等影响飞行安全的建筑物或者设施；
③ 修建不符合机场净空要求的建筑物或者设施；
④ 设置影响机场目视助航设施使用的灯光、标志或者物体；
⑤ 种植影响飞行安全或者影响机场助航设施使用的植物；
⑥ 饲养、放飞影响飞行安全的鸟类动物和其他物体；
⑦ 修建影响机场电磁环境的建筑物或者设施；
⑧ 禁止在依法划定的民用机场范围内放养牲畜。

在依法规定的民用机场范围内和机场净空保护区域内修建、种植或者设置影响飞行安全的建筑物、构筑物、树木、灯光和其他障碍物体的，在公告发布前，应当在规定的期限内清除；对由此造成的损失，应当给予补偿或者依法采取其他补救措施；在公告发布后，由机场所在地县级以上地方人民政府责令清除；由此造成的损失，由修建、种植或者设置该障碍物体的人承担。

在民用机场及其净空保护区域以外，对可能影响飞行安全的高大建筑物或者设施，应按规定设置飞行障碍灯和标志，并使其保持正常状态。

6. 机场运行最低标准

机场运行最低标准：一个机场可用于起飞、着陆的最低限制。用能见度（跑道视程）、云高（最低下降高/决定高）表示。

制定与实施机场运行最低标准的依据：《机场运行最低标准的制定与实施规定》（98号令）。

根据此规定制定各机场的运行最低标准，并在机场细则内公布。

制定机场运行最低标准应考虑的因素：

① 航空器性能；
② 导航设备的精度、可靠性（机载、地面）；
③ 机场净空；
④ 飞行员的技术水平；
⑤ 天气条件。

实施规定：

① 飞行员、管制员、签派员、情报员都应熟悉有关机场的运行最低标准。公司、飞行大队还应根据98号令的原则，规则所属飞行员操纵不同航空器执行机场运行最低标准的余度。

② 机场天气实况低于机场最低天气标准，或者遇有台风等天气条件危及飞行安全时，应当禁止航空器起飞和着陆。

③ 但在航空器油量不足、严重机械故障和天气等原因，不能飞往其他任何机场的情况下，航空公司及其机长可以决定在低于天气标准的机场着陆，并对其决定负责。管制员应当采取必要的措施，予以协助，并提供机长需要的气象情报，通知有关保障部门做好应急准备。

7. 其他方面管理

（1）道面管理　跑道平整性、摩擦系数、跑道上标志。

（2）设施管理　通信、导航、灯光、雷达、气象设施、电话、电传、无线电设备等。

（3）安全保卫　安全控制区、防护设施、围栏、安检、机场通行证、警卫制度。

（4）环境保护　排泄物、噪声污染。

（5）规范服务　指示标牌、旅客须知、保险须知、班车须知；收费标准、投诉电话，意见箱；贵宾室、头等舱休息室；公用电话；足够的行李车和搬运工；登机桥或摆渡车；贵重物品库、危险品库、冷库，包装工具和材料等。

8. 民用机场关闭和废弃

① 民用机场使用许可证有效期为5年，有效期满3个月前应重新办理申请手续。

② 机场因跑道道面、通信导航设备、灯光设备以及其他技术原因，不能保证飞行安全时，应当关闭机场。

a. 临时性关闭机场由航务管理机构批准，报地区管理局和民航局备案。

b. 机场关闭超过24小时，必须报民航总局批准，同时报地区管理局备案。

c. 国际机场的开放与关闭，由国务院审批。

d. 机场关闭持续时间超过两年的，应吊销其机场使用许可证。

e. 机场关闭和重新开放，由机场的报告室发出机场关闭和开放申报，并通知有关单位。

f. 机场关闭后，禁止航空器起飞和着陆。

③ 民用机场废弃改作他用按照国家规定办理审批手续。

第七节　空中航行

教学要求

1. 熟悉我国空中航行的主要法规。

2. 理解《中华人民共和国飞行基本规则》的法律地位。

3. 理解飞行管制的目的、内容、机构、相关法规、现状、弊端和改革方向。
4. 熟悉《中国民用航空飞行规则》的制定依据、约束范围和基本内容。
5. 熟悉《中国民用航空空中交通管理规定》的制定依据、约束范围和基本内容。
6. 熟悉《中国民用航空签派工作细则》的制定依据、约束范围和基本内容。

空中航行涉及空域管理、飞行管理和飞行保障，主要包括：空域如何划分并由谁来管理、空中飞行的审批程序、应遵守的目视和仪表飞行规则、禁区/限制区/国境地带飞行的限制、各类飞行的监督、空中交通服务。

一、空中航行的国内立法

- 《中国民用航空法》
- 《中华人民共和国飞行基本原则》
- 《外国民用航空器飞行管理规则》
- 《飞行间隔规定》
- 《中国民用航空飞行原则》
- 《中国民用航空空中交通管制规则》

二、《中华人民共和国飞行基本规则》

我国境内的航空单位包括航空运输公司、飞行俱乐部、飞行部队、飞行院校。航空管理部门包括中国民用航空总局、国家体育总局、航空工业集团公司，中国人民解放军海军、空军、总参谋部陆航局等。

如何统一境内飞行原则？

《中国民用航空法》第70~72条规定：国家对空域实行统一管理，其具体颁发，由国务院、中央军委制定。第76条规定：在中华人民共和国境内飞行的航空器，必须遵守统一的飞行原则，该统一的飞行原则由国务院、中央军委制定。这个统一的飞行规则就是《中华人民共和国飞行基本规则》。

颁发时间：2000.7.24（2001.8.1实施）。

颁发部门：国务院、中央军委（国务院、中央军委第288号令）。

约束范围：我国境内。

颁发目的：维护国家领空主权，规范境内飞行活动，保障飞行安全有序。

法律地位："国家空中航行法"。

- 是我国境内组织实施飞行、维护飞行秩序和保证飞行安全的基本依据。
- 凡辖有航空器的单位、个人和与飞行有关的人员及其飞行活动，必须遵守本规则。
- 各航空管理部门制定与飞行有关的规范，应当符合本规则的规定。

注：参见第一节法律及航空法规之间的关系。

基本内容：法律地位/空域管理/飞行管制/机场区域内飞行/航路航线飞行/飞行间隔/

飞行指挥/飞行中特殊情况的处置/通信、导航、雷达、气象和航行情报保障/对外国航空器的特别规定。

三、飞行管制

国家对境内所有飞行实行统一的飞行管制。

1. 飞行管制的目的

维护领空主权，保证飞行安全，维持空中秩序。

2. 飞行管制的基本任务（内容）

① 监督航空器严格按照批准的计划飞行，维护飞行秩序；禁止未经批准的航空器擅自飞行。

② 禁止未经批准的航空器飞入空中禁区或者出入国（边）境。

③ 防止航空器与航空器、航空器与地面障碍物相撞。

④ 防止地面对空兵器（对空装置）误射航空器。

3. 飞行管制的机构

国务院、中央军委是我国飞行管制的最高权力机构，负责制定和审批有关飞行管制的法律文件，对我国飞行管制的重大改革进行最终决策。

（1）国家空管委统一领导全国　国务院、中央军事委员会空中交通管制委员会领导全国的飞行管制工作。

（2）空军统一组织实施　中国人民解放军空军统一组织实施我国境内的飞行管制（部分航路已经或正在分期分批移交民航），按照飞行管制责任划分为：飞行管制区、飞行管制分区、机场飞行管制区。

空军制定的《中国人民解放军空军飞行条令》、《中国人民解放军飞行管制工作条例》是实施统一领导的法规依据。

各有关部门按照各自的职责分工提供空中交通管制服务，航路、航线地带和民用机场区域设置高空管制区、中低空管制区、终端（进近）管制区、机场塔台管制区。在中华人民共和国境内、毗连区、专属经济区及其毗连的公海的上空划分若干飞行情报区。

（3）飞行管制区　为保证空军对全国范围内实行统一的飞行管制，按照各大军区管辖范围，将我国领空划分为若干个飞行管制区（如北京飞行管制区、兰州飞行管制区、广州飞行管制区、成都飞行管制区等）。飞行管制区的水平范围通常涵盖几个省、自治区、直辖市（如成都飞行管制区的水平范围包括四川省、云南省、贵州省、西藏自治区、重庆直辖市以及这些地区与邻国接壤的国境线）。

飞行管制区的工作由军区空军（或者指定的空军军级单位）负责。

民航历史上"飞行管制、飞行指挥、空中交通管制、航行调度"的含义是不同的。

飞行管制区与民航地区管理局不是同一概念，其范围不完全相同。如河南省按民航系统属于民航中南管理局，但该省受空军济南飞行管制区的管制。

各飞行管制区应制定《××飞行管制区飞行管制细则》作为对本区实施飞行管制的法规依据，并制定相应的通报协调规定。

(4) 飞行管制分区 飞行管制分区是飞行管制区的下一级飞行管制单位，即一个飞行管制区内划设若干个飞行管制分区（如成都飞行管制区内划设六个飞行管制分区：成都分区、夹江分区、重庆分区、昆明分区、贵阳分区、拉萨分区）。

飞行管制分区有空军、海军舰队航空兵部（或者指定的航空兵师、航空学校）负责。

飞行管制分区是区别具体负责飞行管制工作的机构，空军对全国的飞行管制主要是通过这一级机构落实（它的上级机构只进行宏观上的管理）。因此，民航空中交通管制部门与空军之间的协调、通报关系主要是与飞行管制分区之间的通报协调。

各飞行管制分区应制定《××飞行管制分区飞行管制补充规定》作为法规依据，并制定相应的通报协调规定。

《飞行管制分区飞行管制补充规定》最详细、最具体、最具有可操作性，每一个管制员、飞行员应当熟记其主要内容。签派员、情报员也应对其主要内容有概要性了解。

注：飞行管制分区与民航省（市、区）局不是同一个概念，范围不完全相同，如四川省内划设两个飞行管制分区：成都飞行管制分区和夹江飞行管制分区。在飞行活动频繁的大城市及其附近地区，可以单独划为一个飞行管制分区或者飞行管制特区，如在成都附近单独划设的成都飞行管制分区，由成都军区空军兼管。

(5) 机场飞行管制区 在飞行管制分区范围内通常包括多个军用、民用和军民合用机场，给机场划定的管制空间范围即为机场飞行管制区（有些机场密集地区不具体划定）。

机场区域内的飞行管制，军用机场由驻机场的航空兵部队、飞行学院、场站负责；军民合用机场通常由驻机场的航空兵部队、场站负责；民用机场由驻机场的民用单位负责。

为协调同一机场的军民航飞行、军民公用机场应制定《军民公用机场飞行管制和指挥细则》，内容包括：调配方案、塔台飞行指挥协同规定、飞行情况通报规定、防止军民航飞机相撞的措施以及其他与民用机场细则类似的技术细节。

4. 飞行管制的现状：统一管制、分别指挥

空（海）军各级司令部：负责飞行指挥的组织、协调工作，统一调整各部门飞机及其他航空器的飞行次序、航线和高度（统一管制）。

军用——空（海）军各级司令部负责指挥；民用——民航总局、地区管理局、航空站负责指挥（分别指挥）。

5. 飞行管制体制改革

(1) 存在的弊端

① 军民航飞行管制区域的划设不统一，管辖交叉，矛盾突出。

类别	空军司令部	民航总局
1	军区空军或授权军级	民航地区管理局
2	空军、海军舰队航空兵或授权师级单位、航空学校	民航省、市、区局
3	空军团或场站	民航航站
	空军—全国—飞行管制	空管局－民航－ATS
A	七个飞行管制区	9个飞行情报区
B	42个飞行管制分区	28个高空飞行管制区、37个中低空管制区
C	250个机场飞行管制分区	100多个机场塔台

② 空域结构不合理，没有充分、合理、有效地利用。
③ 飞行指挥不统一（多家指挥的弊端）。
④ 设施不统一（空军设备陈旧、落后、手段落后）。

(2) 改革步骤

① "京—广—深"航路管制权交给民航。
② 全国实施"在一个特定空域由一个空中交通管制单位负责管制指挥"。
 a. 全国分期分批地将航路、航线管制权和指挥权交给民航（正在进行）。
 b. 航路、航线以外的空域，管制权和指挥权交给空军。

《飞行基本规则》中的其他内容在《中国民用航空飞行规则》（2号令）和《中国民用航空空中交通管理规则》（86号令）中有具体体现，在此不重复。

关于外国航空器在我国境内飞行应遵守领空主权原则，其他细节见《外国民用航空器飞行管理规定》（根据《中华人民共和国民用航空法》第173~183条和《飞行基本原则》制定）。

四、《中国民用航空飞行规则》

1. 制定依据

以《中国民用航空法》、《中华人民共和国飞行基本原则》、《国际民用航空公约》及其附件二为蓝本、参照DOC4444、结合我国民航发展的现状特点，1990年以总局局长2号令发布，之后，做了多次修订，最新版本更多地考虑到与国际接轨的要求，正在修改中。

2. 约束范围

是民航飞行人员、空中交通管制人员及有关领导、部门组织与实施飞行的依据。

3. 基本内容

① 飞行组织与实施的四个阶段及各要求。预先准备阶段、直接准备阶段、实施阶段、讲评阶段。

② 飞行的一般规定。飞行分类，飞行必备文件，机场区域和机场使用细则，航路、地方航线、临时航线、高度层配备、日夜航划分时限、目视与仪表飞行的划定、最低安全高度、空中避让规则。

③ 机场区域内飞行，航线飞行。滑行、起飞、进近、着陆、起落航线、高度拨正程序、航线上飞行队保持航行需要的要求、紧急情况下自行改航的规定。

④ 通用航空飞行。对农、林、渔、摄影等飞行的特殊规定（根据通用航空的主要特点：飞行高度低，易撞障碍物；导航设备少，机动飞行多，易迷航；具体作业任务时，对天气要求高；飞机小，对大风、雷雨、结冰等复杂气象的适应性差）。

⑤ 复杂条件下的飞行。雷雨、结冰、低云、低能见度、海上、高原地区的飞行。

⑥ 特殊情况下的处置。发动机失效，设备故障，失火，迷航，失去通信联络，劫持。详细内容在空管专业课程中介绍。

五、《中国民用航空空中交通管理规则》

CCAR-93TM-R2，1990年5月26日民航局令第3号发布，1994年2月1日民航总局令第38号第一次修订，1999年7月5日民航总局令第86号第二次修订，2001年3月19日99号令第3次修订。

1. 制定依据

以《中国民用航空法》、《中华人民共和国飞行基本原则》、《中国民用航空飞行规则》、《国际民用航空公约》及其附件十一为蓝本，参照DOC4444，结合我国民航实际情况而制定。

2. 约束范围

民航飞行人员、管制人员、各级领导、保障空中航行的一切人员都应遵守本规则。

3. 基本内容

① 空中交通服务的内容和基本任务

a. 空中交通管制服务：两个防相撞、维护秩序、加大流量。

b. 飞行情报服务：有利于飞行安全和效能的情报和建议。

c. 告警服务：发出通知、给予协助（怀疑、担忧、严重威胁）。

② 管制区、管制单位的划分及职责。

③ 飞行的申请与批复工作。

④ 空域划分。

⑤ 高度层配备。

⑥ 管制间隔

a. 目视/仪表。

b. 程序管制/雷达管制。

c. 机场/进近/航线。

d. 垂直/水平（纵向、侧向）。

e. 导航设备及分布/飞机相对位置。

⑦ 管制用语，计量单位。

⑧ 管制协调及管制移交与接受。

⑨ 飞行流量管理。

⑩ 通用航空的管制。

⑪ 复杂气象条件的管制。

⑫ 特殊情况下的管制。

六、《中国民用航空签派工作细则》（4号令）

1. 制定依据

根据《中国民用航空飞行规则》的原则而制定。

2. 约束范围

民航飞行人员、签派员、空中交通管制员及其他有关人员。

3. 基本内容

各级签派室的设立/签派代理/签派员级别及职责/飞行四个阶段签派工作的内容/放行航空器的程序/放行单（放行电报）内容、格式/复杂气象条件下的放行规定（对机场最低运行标准实施规定，即 20 号令的贯彻)/不正常和特殊情况下签派工作要求。

第八节 搜寻援救、事故调查

教学要求：
1. 熟悉《中华人民共和国搜寻救援民用航空器的规定》的基本内容。
2. 熟悉搜寻救援单位的划分、职责及一般工作程序。
3. 熟悉搜寻救援民用航空器应尽的义务。
4. 了解民航总局颁布的《事故调查程序》的框架内容。
5. 熟悉事故调查的目的和一般程序。

飞行中特殊情况主要有发动机失效、设备故障、失火、迷航、失去通信联络、劫持和袭击等，特殊情况的步步恶化将可能导致事故！如何把握特殊情况的性质并采取快捷的、合理的措施？如何防止类似事故再次发生？

一、搜寻援救

1. 我国主要法规
- 《中华人民共和国搜寻援救民用航空器的规定》
- 《中国民用航空空中交通管理规则》

2. 紧急情况的三个阶段

（1）情况不明阶段　出现安全令人疑虑的情况，规定时间无联络、该到未到。
- 超过预计飞越检查点时间 30 分钟或第一次联络后 30 分钟内无联络；
- 预达目的地（机长报告或 ATC 计算）30 分钟内仍未到达。

（2）告警阶段　出现安全令人担忧的情况。
- 航空器已发出紧急信号；
- 继不明阶段搜寻 30 分钟后仍无消息；
- 着陆许可已取得，超过预计着陆时间 5 分钟未着陆，又无通信联络；
- 飞行能力受损，但尚未迫降。

（3）遇险阶段　出现安全受到严重威胁的情况。

- 飞行器发出遇险信号，如证实应答机编码 A7700；
- 告警，扩大通信搜寻 1 小时后无信息；
- 根据油量计算燃油已耗尽难以继续飞行，又无着陆信息；
- 决定迫降或已迫降、坠毁。

（4）通信搜寻　开放本管制区所有可利用的航空电台、导航台、雷达设施，搜寻掌握该机位置。

（5）扩大通信搜寻　通知航空器所能到达的区域或有关的管制室，开放通信、导航、监视设备，搜寻掌握该机位置。

3. 搜寻援救民用航空器的单位分工

民航总局：指导全国搜救工作。
省级人民政府：负责本地区（地区管理局协助）搜救工作。
国家海上搜寻援救组织：负责海上（有关部门配合）搜救工作。

4. 通信联络

① ATC 或承担搜寻援救任务的航空器：121.5MHz 并逐步配备 243MHz 紧急频率。
② 承担海上援救任务的航空器：2182kHz 海上遇险频率。
③ 承担搜寻援救任务的部分航空器，应当配备能够向遇险民用航空器所发出的紧急示位信标归航设备，以及在 156.8MHz（调频）频率上同搜寻援救船舶联络的通信设备。
④ 地区管理局搜寻援救协调中心应当同有关的省（自治区、直辖市）、海上援救组织建立直接的通信联络。

5. 对已迫降或失事民用航空器的援救要求

① 组织抢救幸存人员。
② 对 A/C 采取防火、灭火措施。
③ 保护现场，为抢救人员或灭火必须变动现场时，应拍照或录像。
④ 保护失事 A/C 及机上人员财物。

民用航空器的紧急情况已经不存在或可以结束搜寻援救工作的，地区管理局搜寻援救协调中心应当按照规定程序向有关单位发出解除紧急情况的通知。

6. 三个阶段管制员应采取的措施

（1）情况不明阶段
① 立即报告值班领导。
② 按失去通讯联络的程序继续进行工作

a. 管制员的处置措施

- 应考虑两种方案：（Ⅰ）该机按申请的高度层和预计时间到达原目的地机场；（Ⅱ）改航去备降机场。
- 用各种波道（包括请空中飞机转发）连续不断地盲发指示、飞行情报、气象情报。
- 改航向、编码判定是否单向失效（有雷达时采用）。
- 调配空中有关飞机避让。
- 通知相关机场做好备降准备。

b. 机长去备降场的规定

- 严格按指令和预案飞行（若单向失效，在判明航空器能收到 ATC 指令的前提下）。
- 目视——就近着陆，航线上任一点改航去备降机场，报备降场的时间不限。
- 仪表——能转目视则就近着陆；若不能转目视，应仪表过台后，改航去备降场，防止偏航。
- 高度层——若改航后符合原东单西双的配备，高度层不变；若改航后不符合原东单西双的配备，应下降一层。但应注意必须符合最低安全高度，否则应逐层上升，直到既符合最低安全高度，又符合航线高度层配备固定。

c. 进入着陆机场前的盲发与守听
- 区域管制员在该机进入"区—进"（"区—塔"）交接点前 15 分钟连续盲发着陆条件，指示其保持现有高度层飞向归航台。
- 通知进近、塔台，定时（3～5 分钟）呼叫飞机。
- 重复进近着陆许可，守听至着陆为止。

d. 程序管制下等待与避让要求
- 该机到归航台前 10 分钟，到台后 30 分钟，空出等待空域内该机的高度层及以下空间，不能让其他航空器占用或穿越。
③ 采取搜寻措施，设法同该机沟通联络。

（2）告警阶段
① 通知援救单位，做好援救准备，报告首长。
② 开放通信、导航、雷达设备进行通信搜寻服务。
③ 通知有关区域管制室，开放通讯、导航、雷达设备，扩大通讯搜寻。
④ 调配避让，减少波道拥挤（告警飞机改频/其他飞机改频/其他飞机减少通话）。
⑤ 结合当时具体实际，提供飞行情报服务，协助机长处置。
⑥ 保留录音、记录，直至不再需要为止。
⑦ 遇劫持非法干扰，按预定工作程序工作。

（3）遇险阶段
① 立即报告首长，通知有关报告室、管制室、当地空军、军区、人民政府、飞机所属单位。
② 把遇险机活动范围、推测位置、迫降地点通知援救单位或海上搜寻援救中心。
③ 迫降前尽可能与该机保持联络。
④ 可指示遇险地点附近其他 A/C 进行空中观察。
⑤ 保留通话录音和记录。

二、事故调查

1. 我国主要法规
- 《飞行事故调查条例》
- 《民用航空事故调查规定》
- 《民用航空器事故调查手册》

2. 事故调查的目的

查明事故原因，提出安全建议，防止类似事故的发生。

3. 事故调查的原则

① 独立性（任何单位、个人不得干扰阻碍）。

② 客观性（实事求是、客观、公正、科学）。

③ 深入性（既要查直接原因、又要找间接原因，深入到设计、制造、运营、维修，人员选拔、训练、管理等）。

④ 全面性（虽与本次事故无关，但在事故中暴露出来的对飞行安全构成威胁的问题）。

4. 事故调查程序

事故调查的过程可简要概括为：基本调查、整理材料、分析原因、得出结论、提出安全建议五大部分。详细描述为以下内容。

(1) 通知与报告

① 描述事故的信息，应包括：

A. 事故发生的时间、地点、A/C 的经营人；

B. A/C 类别、型号、国籍和登记标志；

C. 机长姓名、机组人员、旅客（乘员）人数；

D. 任务性质；

E. 最后一个起飞点和预计着陆点；

F. 事故简要经过；

G. 伤亡人数及航空器损坏的程度；

H. 事故发生地的物理特征；

I. 事故发生的可能原因；

J. 事故发生后采取的应急处置措施；

K. 与事故有关的其他情况；

L. 信息的来源和报告人。

② 逐级报告

管制员→航站值班首长→省市区局值班首长→地区管理局→民航总局

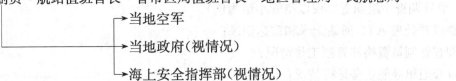

③ 封存通知

A. 飞行、维修、ATC、通信、导航、雷达、气象、情报、油料、运输、机场、售票等单位。

B. 文件、资料、工具、设备、设施、通信记录、录音录像等，具体包括：

• 飞行日志、当日飞行计划；

• 空地通话录音；

- 通讯、导航、ATC电报电话、气象、雷达等资料；
- 飞行人员记录本；
- 航医工作日记、飞行前体检记录，空勤人员出勤证明、门诊登记、体检登记；
- 航空器履历本，维护工具，维护记录；
- 油料、气体的车辆、设备及化验结果的记录和取样；
- 启动电源和气源设备；
- 旅客清单、货物清单、配载平衡表和代理人意外伤害保险单；
- 其他封存的资料。

④ 事故信息的公布：有关事故的一切信息一律由民航总局统一对外公布，其他任何单位和个人不得以任何形式发布或透露有关事故的信息。

（2）事故现场的应急处置

① 组织抢救幸存人员。

② 对A/C采取防火、灭火措施。

③ 保护现场，为抢救人员或灭火必须变动现场时，应拍照或录像。

④ 保护失事A/C及机上人员财物。

（3）事故调查的准备

① 组织

A.	总局事故调查组	重大事故、特别重大事故
B.	地区事故调查组（总局授权）	重大事故
C.	民航总局、公安部	非法干扰造成的事故
D.	军民联合调查组	涉及军民双方的事故（可邀请地方人民政府）
E.	涉外事故调查组（航空器设计国、制造国、登记国、营运人国、外交部派员）	外机在我国境内失事

② 成立调查组

A. 事故调查组由组长负责。

B. 根据事故可能原因成立：飞行/空管/适航/飞行记录器/公安/运营/综合等小组，或合并部分小组，由小组长负责。

C. 事故调查小组职责（仅以空管小组为例）：

- 获得并处理ATC通话记录和雷达记录；
- 调查管制员资格和管制工作情况；
- 调查通讯导航设备运行情况；
- 检查有关航行资料；
- 收集、整理、分析气象资料；
- 提交小组调查报告。

（4）现场调查 取证、采访。

（5）专项研究和实验 飞行数据，舱音记录，机体残骸，发动机残骸，机载设备残骸，重量、重心的变化，证人证词等的分析和模拟实验。

(6) 事故原因分析　根据以上分析结果，绘制飞行轨迹图或者事故历程排列，提供一个描述事故发生、发展过程的可见、完整、有序的事故过程图；按时间顺序和因果关系排列事故链；找出直接原因、间接原因。

(7) 做出事故结论　对事故原因的陈述。

(8) 确定事故等级　根据《民用航空器事故等级标准》确定。

(9) 提出安全建议　调查组应提出落实此安全建议的部门和改进的原则性要求，至于具体的措施，应由落实部门（如民航总局传真、总局领导重要讲话、专题会议精神等）来提出。安全建议应有针对性，其目的是为了防止类似事故重复发生。

(10) 编写调查报告　小组报告—技术复审—事故调查报告—征求意见—最终审查—事故调查报告的发布（通常历时一年半载或更长）。

※公共航空运输企业、公共航空运输的法律问题是华沙体系的国内法确认，不再细讲，参照华沙体系和《中华人民共和国民用航空法》第91~144条。

※通用航空参照《中华人民共和国民用航空法》第145条、《中国民用航空飞行规则》、《中国民用航空空中交通管理规则》相关章节。

第二篇

国际航空法规选编

1. 国际民用航空公约

（1944年12月7日 芝加哥）

序　言

鉴于国际民用航空的未来发展对建立和保持世界各国之间和人民之间的友谊和了解大有帮助，而其滥用足以威胁普遍安全；又鉴于有需要避免各国之间和人民之间的摩擦并促进其合作，世界和平有赖于此；因此，下列各签署国政府议定了若干原则和办法，使国际民用航空按照安全和有秩序的方式发展，并使国际航空运输业务建立在机会均等的基础上，健康地和经济地经营；为此目的缔结本公约。

第一部分　空中航行

第一章　公约的一般原则和适用

第一条　主权

缔约各国承认每一国家对其领土之上的空气空间具有完全的和排他的主权。

第二条　领土

本公约所指一国的领土，应认为是在该国主权、宗主权、保护或委任统治下的陆地区域及与其邻接的领水。

第三条　民用航空器和国家航空器

一、本公约仅适用于民用航空器，不适用于国家航空器。

二、用于军事、海关和警察部门的航空器，应认为是国家航空器。

三、一缔约国的国家航空器，未经特别协定或其他方式的许可并遵照其中的规定，不得在另一缔约国领土上空飞行或在此领土上降落。

四、缔约各国承允在发布关于其国家航空器的规章时，对民用航空器的航行安全予以应有的注意。

第三条分条②

注② 一九八四年五月十日，大会决定修正芝加哥公约，增加第三条分条。该条尚未生效。

一、缔约各国承认，每一国家必须避免对飞行中的民用航空器使用武器，如拦截，必须不危及航空器内人员的生命和航空器的安全。此一规定不应被解释为在任何方面修改了联合国宪章所规定的各国的权利和义务。

二、缔约各国承认，每一国家在行使其主权时，对未经允许而飞越其领土的民用航空器，或者有合理的根据认为该航空器被用于与本公约宗旨不相符的目的，有权要求该航空器在指定的机场降落；该国也可以给该航空器任何其他指令，以终止此类侵犯。为此目的，缔约各国可采取符合国际法的有关规则，包括本公约的有关规定，特别是本条第一款规定的任何适当手段。每一缔约国同意公布其关于拦截民用航空器的现行规定。

三、任何民用航空器必须遵守根据本条第二款发出的命令。为此目的，每一缔约国应在本国法律或规章中作出一切必要的规定，以便在该国登记的、或者在该国有主营业所或永久居所的经营人所使用的任何航空器必须遵守上述命令。每一缔约国应使任何违反此类现行法律或规章的行为受到严厉惩罚，并根据本国法律将这一案件提交其主管当局。

四、每一缔约国应采取适当措施，禁止将在该国登记的、或者在该国有主营业所或永久居所的经营人所使用的任何民用航空器肆意用于与本公约宗旨不相符的目的。这一规定不应影响本条第一款或者与本条第二款和第三款相抵触。

第四条 民用航空的滥用

缔约各国同意不将民用航空用于和本公约的宗旨不相符的任何目的。

第二章 在缔约国领土上空飞行

第五条 不定期飞行的权利

缔约各国同意其他缔约国的一切不从事定期国际航班飞行的航空器，在遵守本公约规定的条件下，不需要事先获准，有权飞入或飞经其领土而不降停，或作非商业性降停，但飞经国有权令其降落。为了飞行安全，当航空器所欲飞经的地区不得进入或缺乏适当航行设施时，缔约各国保留令其遵循规定航路或获得特准后方许飞行的权利。

此项航空器如为取酬或出租而载运乘客、货物、邮件但非从事定期国际航班飞行，在遵守第七条规定的情况下，亦有上下乘客、货物或邮件的特权，但上下的地点所在国家有权规定其认为需要的规章、条件或限制。

第六条 定期航班

除非经一缔约国特准或其他许可并遵照此项特准或许可的条件，任何定期国际航班不得在该国领土上空飞行或进入该国领土。

第七条 国内载运权

缔约各国有权拒绝准许其他缔约国的航空器为取酬或出租在其领土内载运乘客、邮件和货物前往其领土内另一地点。缔约各国承允不缔结任何协议在排他的基础上特准任何其他国家的空运企业享有任何此项特权，也不向任何其他国家取得任何此项排他的特权。

第八条 无人驾驶航空器

任何无人驾驶而能飞行的航空器，未经一缔约国特许并遵照此项特许的条件，不得无人驾驶而在该国领土上空飞行。缔约各国承允对此项无人驾驶的航空器在向民用航空器开放的地区内的飞行加以管制，以免危及民用航空器。

第九条　禁区

一、缔约各国由于军事需要或公共安全的理由，可以一律限制或禁止其他国家的航空器在其领土内的某些地区上空飞行，但对该领土所属国从事定期国际航班飞行的航空器和其他缔约国从事同样飞行的航空器，在这一点上不得有所区别。此种禁区的范围和位置应当合理，以免空中航行受到不必要的阻碍。一缔约国领土内此种禁区的说明及其随后的任何变更，应尽速通知其他各缔约国及国际民用航空组织。

二、在非常情况下，或在紧急时期内，或为了公共安全，缔约各国也保留暂时限制或禁止航空器在其全部或部分领土上空飞行的权利并立即生效，但此种限制或禁止应不分国籍适用于所有其他国家的航空器。

三、缔约各国可以依照其制定的规章，令进入上述第一款或第二款所指定地区的任何航空器尽速在其领土内一指定的机场降落。

第十条　在设关机场降落

除按照本公约的条款或经特许，航空器可以飞经一缔约国领土而不降停外，每一航空器进入缔约国领土，如该国规章有规定时，应在该国指定的机场降停，以便进行海关和其他检查。当离开一缔约国领土时，此种航空器应从同样指定的设关机场离去。所有指定的设关机场的详细情形，应由该国公布，并送交根据本公约第二部分设立的国际民用航空组织，以便通知所有其他缔约国。

第十一条　空中规章的适用

在遵守本公约各规定的条件下，一缔约国关于从事国际航行的航空器进入或离开其领土或关于此种航空器在其领土内操作或航行的法律和规章，应不分国籍，适用于所有缔约国的航空器，此种航空器在进入或离开该国领土或在其领土内时，都应该遵守此项法律和规章。

第十二条　空中规则

缔约各国承允采取措施以保证在其领土上空飞行或在其领土内运转的每一航空器及每一具有其国籍标志的航空器，不论在何地，应遵守当地关于航空器飞行和运转的现行规则和规章。缔约各国承允使这方面的本国规章，在最大可能范围内，与根据本公约随时制定的规章相一致。在公海上空，有效的规则应为根据本公约制定的规则。缔约各国承允对违反适用规章的一切人员起诉。

第十三条　入境及放行规章

一缔约国关于航空器的乘客、机组或货物进入或离开其领土的法律和规章，如关于入境、放行、移民、护照、海关及检疫的规章，应由此种乘客、机组或货物在进入、离开或在该国领土内时遵照执行或由其代表遵照执行。

第十四条　防止疾病传播

缔约各国同意采取有效措施防止经由空中航行传播霍乱、斑疹伤寒（流行性）、天花、黄热病、鼠疫，以及缔约各国随时确定的其他传染病。为此，缔约各国将与负责关于航空器卫生措施的国际规章的机构保持密切的磋商。此种磋商应不妨碍缔约各国所参加的有关此事的任何现行国际公约的适用。

第十五条 机场费用和类似费用

一缔约国对其本国航空器开放的公用机场，在遵守第六十八条规定的情况下，应按统一条件对所有其他缔约国的航空器开放。为航行安全和便利而提供公用的一切航行设施，包括无线电和气象服务，由缔约各国的航空器使用时，应适用同样的统一条件。

一缔约国对任何其他缔约国的航空器使用此种机场及航行设施可以征收或准许征收的任何费用：

一、对不从事定期国际航班飞行的航空器，应不高于从事同样飞行的本国同级航空器所缴纳的费用；

二、对从事定期国际航班飞行的航空器，应不高于从事同样国际航班飞行的本国航空器所缴纳的费用。

所有此类费用应予公布，并通知国际民用航空组织，但如一有关缔约国提出意见，此项使用机场及其他设施的收费率应由理事会审查。理事会应就此提出报告和建议，供有关的一国或几国考虑。任何缔约国对另一缔约国的任何航空器或航空器上所载人员或财物不得仅因给予通过或进入或离去其领土的权利而征收任何规费、捐税或其他费用。

第十六条 对航空器的检查

缔约各国的有关当局有权对其他缔约国的航空器在降停或飞离时进行检查，并查验本公约规定的证件和其他文件，但应避免不合理的延误。

第三章 航空器的国籍

第十七条 航空器的国籍

航空器具有其登记的国家的国籍。

第十八条 双重登记

航空器在一个以上国家登记不得认为有效，但其登记可以由一国转移至另一国。

第十九条 管理登记的国家法律

航空器在任何缔约国登记或转移登记，应按该国的法律和规章办理。

第二十条 标志的展示

从事国际航行的每一航空器应载有适当的国籍标志和登记标志。

第二十一条 登记的报告

缔约各国承允，如经要求，应将关于在该国登记的某一航空器的登记及所有权情况提供给任何另一缔约国或国际民用航空组织。此外，缔约各国应按照国际民用航空组织制定的规章，向该组织报告有关在该国登记的经常从事国际航行的航空器所有权和控制权的可提供的有关资料。如经要求，国际民用航空组织应将所得到的资料提供给其他缔约国。

第四章 便利空中航行的措施

第二十二条 简化手续

缔约各国同意采取一切可行的措施，通过发布特别规章或其他方法，以便利和加速航空器在缔约各国领土间的航行，特别是在执行关于移民、检疫、海关、放行等法律时，防止对航空器、机组、乘客和货物造成不必要的延误。

第二十三条 海关和移民程序

缔约各国承允在其认为可行的情况下，按照依本公约随时制定或建议的措施，制定有关国际航行的海关和移民程序。本公约的任何规定不得被解释为妨碍设置豁免关税的机场。

第二十四条　关税

一、航空器飞抵、飞离或飞越另一缔约国领土时，在遵守该国海关规章的条件下，应准予暂时免纳关税。一缔约国的航空器在到达另一缔约国领土时所载的燃料、润滑油、零备件、正常设备及机上供应品，在航空器离开该国领土时，如仍留置航空器上，应免纳关税、检验费或类似的国家或地方税款和费用。此种豁免不适用于卸下的任何数量或物品，但按照该国海关规章允许的不在此例，此种规章可以要求上述物品应受海关监督。

二、运入一缔约国领土的零备件和设备，供装配另一缔约国的从事国际航行的航空器或在该航空器上使用，应准予免纳关税，但须遵守有关国家的规章，此种规章可以规定上述物品应受海关的监督和管制。

第二十五条　航空器遇险

缔约各国承允对在其领土内遇险的航空器，在其认为可行的情况下，采取援助措施，并在本国当局管制下准许该航空器所有人或该航空器登记国的当局采取情况所需的援助措施。缔约各国搜寻失踪的航空器时，应在按照公约随时建议的各种协同措施方面进行合作。

第二十六条　事故调查

一缔约国的航空器如在另一缔约国的领土内发生事故，致有死亡或严重伤害或表明航空器或航行设施有重大技术缺陷时，事故所在地国家应在该国法律许可的范围内，依照国际民用航空器组织建议的程序，着手调查事故情形。航空器登记国应有机会指派观察员在调查时到场，而主持调查的国家，应将关于此事的报告及调查结果，通知航空器登记国。

第二十七条　不因专利权的主张而扣押航空器

一、一缔约国从事国际航行的航空器，被准许进入或通过另一缔约国领土时，不论降停与否，另一缔约国不得以该国名义或以该国任何人的名义，基于航空器的构造、机构、零件、附件或操作有侵犯航空器进入国依法发给登记的任何专利权、设计或模型的情形，而扣押或扣留该航空器，或对该航空器的所有人或经营人提出任何权利主张，或进行任何其他干涉。缔约各国并同意在任何情况下，航空器所进入的国家对航空器免予扣押或扣留时，均不要求缴付保证金。

二、本条第一款的规定，也适用于一缔约国在另一缔约国领土内航空器备用零件和备用设备的存储，以及使用并装置此项零件和设备以修理航空器的权利，但此项存储的任何专利零件或设备，不得在航空器进入国国内出售或转让，也不得作为商品输出该国。

三、本条的利益只适用于本公约的参加国并且是：（一）国际保护工业产权公约及其任何修正案的参加国；或（二）已经颁布专利法，对本公约其他参加国国民的发明予以承认并给予适当保护的国家。

第二十八条　航行设施和标准制度

缔约各国承允在它认为可行的情况下：

一、根据依本公约随时建议或制定的标准和措施，在其领土内提供机场、无线电服务、气象服务及其他航行设施，以便利国际空中航行；

二、采取和实施根据本公约随时建议或制定的有关通信程序、简码、标志、信号、灯光及其他操作规程和规则的适当的标准制度；

三、在国际措施方面进行合作，以便航空地图和图表能按照本公约随时建议或制定的标准出版。

第五章 航空器应具备的条件

第二十九条 航空器应备文件

缔约国的每一航空器在从事国际航行时，应按照本公约规定的条件携带下列文件：

一、航空器登记证；

二、航空器适航证；

三、每一机组成员的适当的执照；

四、航空器航行记录簿；

五、航空器无线电台许可证，如该航空器装有无线电设备；

六、列有乘客姓名及其登机地与目的地的清单，如该航空器载有乘客；

七、货物舱单及详细的申报单，如该航空器载有货物。

第三十条 航空器无线电设备

一、各缔约国航空器在其他缔约国领土内或在其领土上空时，只有在具备该航空器登记国主管当局发给的设置及使用无线电发射设备的许可证时，才可以携带此项设备。在该航空器飞经的缔约国领土内使用无线电发射设备，应遵守该国制定的规章。

二、无线电发射设备只准许飞行组成员中持有航空器登记国主管当局为此发给的专门执照的人员使用。

第三十一条 适航证

凡从事国际航行的每一航空器，应备有该航空器登记国发给或核准的适航证。

第三十二条 人员执照

一、从事国际航行的每一航空器驾驶员及飞行组其他成员，应备有该航空器登记国发给或核准的合格证书和执照。

二、就在本国领土上空飞行而言，缔约各国对其任何国民持有的由另一缔约国发给的合格证书和执照，保留拒绝承认的权利。

第三十三条 承认证书及执照

登记航空器的缔约国发给或核准的适航证和合格证书及执照，其他缔约国应承认其有效。但发给或核准此项证书或执照的要求，须等于或高于根据本公约随时制定的最低标准。

第三十四条 航行记录簿

从事国际航行的每一航空器，应保持一份航行记录簿，以根据本公约随时规定的格式，记载航空器、机组及每次航行的详情。

第三十五条 货物限制

一、从事国际航行的航空器，非经一国许可，在该国领土内或在该国领土上空时不得载运军火或作战物资，至于本条所指军火或作战物资的含意，各国应以规章自行确定，但为求得统一起见，应适当考虑国际民用航空组织随时所作的建议。

二、缔约各国为了公共程序和安全，除第一款所列物品外，保留管制或禁止在其领土内或领土上空载运其他物品的权利。但在这方面，对从事国际航行的本国航空器和从事同样航行的其他国家的航空器，不得有所区别，也不得对在航空器上为航空器操作或航行所必要的或为机组成员或乘客的安全而必须携带和使用的器械加任何限制。

第三十六条 照相机

缔约各国可以禁止或管制在其领土上空的航空器内使用照相机。

第六章 国际标准及其建议措施

第三十七条 国际标准及程序的采用

缔约各国承允在关于航空器、人员、航路及各种辅助服务的规章、标准、程序及工作组织方面进行合作，凡采用统一办法而能便利、改进空中航行的事项，尽力求得可行的最高程度的一致。

为此，国际民用航空组织应根据需要就以下项目随时制定并修改国际标准及建议措施和程序：

一、通信系统和助航设备，包括地面标志；

二、机场和降落地区的特征；

三、空中规则和空中交通管制办法；

四、飞行和机务人员证件的颁发；

五、航空器的适航性；

六、航空器的登记和识别；

七、气象资料的收集和交换；

八、航行记录簿；

九、航空地图及图表；

十、海关和移民手续；

十一、航空器遇险和事故调查；

以及随时认为适当的有关空中航行安全、正常及效率的其他事项。

第三十八条 背离国际标准和程序

任何国家如认为对任何上述国际标准和程序，不能在一切方面遵行，或在任何国际标准和程序修改后，不能使其本国的规章和措施完全符合此项国际标准和程序，或该国认为有必要采用在某方面不同于国际标准所规定的规章和措施时，应立即将其本国的措施和国际标准所规定的措施之间的差别，通知国际民用航空组织。任何国家如在国际标准修改以后，对其本国规章或措施不作相应修改，应于国际标准修正案通过后六十天内通知理事会，或表明它拟采取的行动。在上述情况下，理事会应立即将国际标准和该国措施间在一项或几项上存在的差别通知所有其他各国。

第三十九条 证书及执照的签注

一、任何航空器和航空器的部件，如有适航或性能方面的国际标准，而在发给证书时与此种标准在某个方面有所不符，应在其适航证上签注或加一附件，列举其不符合各点的详情。

二、任何持有执照的人员如不完全符合所持执照或证书等级的国际标准所规定的条件，应在其执照上签注或加一附件，列举其不符合此项条件的详情。

第四十条 签注证书和执照的效力

备有此种经签注的证书或执照的航空器或人员，除非经航空器所进入的领土所属国准许，不得参加国际航行。任何此项航空器或任何此项有证书的航空器部件，如在其原发证国以外的其他国家登记或使用，应由此项航空器或航空器部件所输入的国家自行决定能否予以登记或使用。

第四十一条 现行适航标准的承认

对于航空器或航空器设备，如其原型是在其国际适航标准采用之日起三年以内送交国家有关机关申请发给证书的，不适用本章的规定。

第四十二条 合格人员现行标准的承认

对于人员，如其执照最初是在此项人员资格的国际标准通过之日起一年以内发给的，不适用本章的规定；但对于从此项国际标准通过之日起，其执照继续有效五年的人员，本章的规定都应适用。

第二部分　国际民用航空组织

第七章　组织

第四十三条 名称和组成

根据本公约成立一个定名为"国际民用航空组织"的组织。该组织由大会、理事会和其他必要的各种机构组成。

第四十四条 目的

国际民用航空组织的宗旨和目的在于发展国际航行的原则和技术，并促进国际航空运输的规划和发展，以：

一、保证全世界国际民用航空安全地和有秩序地发展；

二、鼓励为和平用途的航空器的设计和操作艺术；

三、鼓励发展国际民用航空应用的航路、机场和航行设施；

四、满足世界人民对安全、正常、有效和经济的航空运输的需要；

五、防止因不合理的竞争而造成经济上的浪费；

六、保证缔约各国的权利充分受到尊重，每一缔约国均有经营国际空运企业的公平的机会；

七、避免缔约各国之间的差别待遇；

八、促进国际航行的飞行安全；

九、普遍促进国际民用航空在各方面的发展。

第四十五条① 永久地址

注① 这是一九五四年六月十四日大会第八届会议修正的该条条文；一九五八年五月十六日起生效。根据公约第九十四条第一款的规定，修正的条文对批准该修正案的国家生效。对未批准该修正案的国家，原来的条文依然有效，因此将原条文复述如下：

"本组织的永久地址应由一九四四年十二月七日在芝加哥签订的国际民用航空临时协

定所设立的临时国际民用航空组织临时大会最后一次会议确定。本组织的地址经理事会决议可以暂迁他处。"

本组织的永久地址应由一九四四年十二月七日在芝加哥签订的国际民用航空临时协定所设立的临时国际民用航空组织临时大会最后一次会议确定。本组织的地址经理事会决议可以暂迁他处。如非暂迁，则应经大会决议，通过这一决议所需票数由大会规定。此项规定的票数不得少于缔约国总数的五分之三。

第四十六条　大会第一届会议

大会第一届会议应由上述临时组织的临时理事会在本公约生效后立即召集。会议的时间和地点由临时理事会决定。

第四十七条　法律能力

本组织在缔约各国领土内应享有为履行其职能所必需的法律能力。凡与有关国家的宪法和法律不相抵触时，都应承认其完全的法人资格。

第八章　大会

第四十八条　大会会议和表决

一、大会由理事会在适当的时间和地点每三年至少召开一次。经理事会召集或经五分之一以上的缔约国向秘书长提出要求，可以随时举行大会特别会议。①

注① 这是一九六二年九月十四日大会第十四届会议修正的该条条文；一九七五年九月十一日起生效。根据公约第九十四条第一款的规定，修正的条文对批准该修正案的国家生效。一九五四年六月十四日大会第八届会议修正并于一九五六年十二月十二日生效的该条条文如下：

"一、大会由理事会在适当的时间和地点每三年至少召开一次。经理事会召集或经任何十个缔约国向秘书长提出要求，可以随时举行大会特别会议。"

该条的最初未经修正的条文如下：

"一、大会由理事会在适当的时间和地点每年召开一次。经理事会召集或经任何十个缔约国向秘书长提出要求，可以随时举行大会特别会议。"

二、所有缔约国在大会会议上都有同等的代表权，每一缔约国应有一票的表决权，缔约各国代表可以由技术顾问协助，顾问可以参加会议，但无表决权。

三、大会会议必须有过半数的缔约国构成法定人数。除本公约另有规定外，大会决议应由所投票数的过半数票通过。

第四十九条　大会的权力和职责

大会的权力和职责为：

一、在每次会议上选举主席和其他职员。

二、按照第九章的规定，选举参加理事会的缔约国。

三、审查理事会各项报告，对报告采取适当行为，并就理事会向大会提出的任何事项作出决定。

四、决定大会本身的议事规则，并设置其认为必要的或适宜的各种附属委员会。

五、按照第十二章的规定，表决本组织的各年度预算，并决定本组织的财务安排。②

注② 这是一九五四年六月十四日大会第八届会议修正的该条条文；一九五六年十二

月十二日起生效。根据公约第九十四条第一款的规定，修正的条文对批准该修正案的国家生效。对未批准该修正案的国家原来的条文依然有效，因此将原条文复述如下："五、按照第十二章的规定，表决本组织的年度预算，并表决本组织的财务安排。"

六、审查本组织的支出费用，并批准本组织的账目。

七、根据自己的决定，将其职权范围内的任何事项交给理事会、附属委员会或任何其他机构处理。

八、赋予理事会为行使本组织职责所必需的或适宜的权力和职权，并随时撤销或变更所赋予的职权。

九、执行第十三章的各项有关规定。

十、审议有关变更或修正本公约条款的提案。如大会通过此项提案，则按照第二十一章的规定，将此项提案向各缔约国建议。

十一、处理在本组织职权范围内未经明确指定归理事会处理的任何事项。

第九章 理事会

第五十条 理事会的组成和选举

一、理事会是向大会负责的常设机构，由大会选出的三十三个缔约国组成。大会第一次会议应进行此项选举，此后每三年选举一次；当选的理事任职至下届选举时为止。①

注① 这是一九七四年十月十四日大会第二十一届会议修正的该条条文；一九八〇年二月十五日起生效。公约最初条文规定理事会为二十一席。该条随后于一九六一年六月十九日为大会第十三届（特别）会议所修正，并于一九六二年七月十七日起生效，规定理事会为二十七席。一九七一年三月十二月大会第十七届（A）（特别）会议所批准的另一修正案规定理事会为三十席，该修正案于一九七三年一月十六日起生效。

二、大会选举理事时，应给予下列国家以适当代表：（一）在航空运输方面占主要地位的各国；（二）未包括在其他项下的对提供国际民用航空航行设施作最大贡献的各国；及（三）未包括在其他项下的其当选可保证世界各主要地理区域在理事会中均有代表的各国。理事会中一有出缺，应由大会尽速补充；如此当选理事的缔约国，其任期应为其前任所未届满的任期。

三、缔约国担任理事的代表不得同时参与国际航班的经营，或与此项航班有财务上的利害关系。

第五十一条 理事会主席

理事会应选举主席一人，任期三年，连选可以连任。理事会主席无表决权。理事会应从其理事中选举副主席一人或数人。副主席代理主席时，仍保留其表决权。主席不一定由理事会成员国代表中选出，但如有一名代表当选，即认为其理事席位出缺，应由其代表的国家另派代表。主席的职责如下：

一、召集理事会，航空运输委员会及航行委员会的会议；

二、充任理事会的代表；

三、以理事会的名义执行理事会委派给他的任务。

第五十二条 理事会的表决

理事会的决议需经过半数理事同意。理事会对任一特定事项可以授权由其理事组成的一委员会处理。对理事会任何委员会的决议，有关缔约国可以向理事会申诉。

第五十三条　无表决权参加会议

任何缔约国在理事会及其委员会和专门委员会审议特别影响该国利益的任何问题时，可以参加会议，但无表决权。理事会成员国在理事会审议一项争端时，如其本身为争端的一方，则不得参加表决。

第五十四条　理事会必须履行的职能

理事会应：

一、向大会提出年度报告；

二、执行大会的指示和履行本公约为其规定的职责和义务；

三、决定其组织和议事规则；

四、在理事会各成员国代表中选择任命一对理事会负责的航空运输委员会，并规定其职责；

五、按照第十章的规定设立一航行委员会；

六、按照第十二章和第十五章的规定管理本组织的财务；

七、决定理事会主席的酬金；

八、按照第十一章的规定，任命一主要行政官员，称为秘书长，并规定对其他必要工作人员的任用办法；

九、征求、搜集、审查并出版关于空中航行的发展和国际航班经营的资料，包括经营的成本，及以公共资金给予空运企业补贴等详细情形的资料；

十、向缔约各国报告关于违反本公约及不执行理事会建议或决定的任何情况；

十一、向大会报告关于一缔约国违反本公约而经通告后在一合理的期限内仍未采取适当行动的任何情况；

十二、按照本公约第六章的规定，通过国际标准及建议措施；并为便利起见，将此种标准和措施称为本公约的附件，并将已采取的行动通知所有缔约国；

十三、审议航行委员会有关修改附件的建议，并按照第二十章的规定采取行动；

十四、审议任何缔约国向理事会提出的关于本公约的任何事项。

第五十五条　理事会可以行使的职能

理事会可以：

一、在适当的情况下并根据经验认为需要的时候，在地区或其他基础上，设立附属的航空运输委员会，并划分国家或空运企业的组别，以便理事会与其一起或通过其促进实现本公约的宗旨；

二、委托航行委员会行使本公约规定以外的职责，并随时撤销或变更此种职责；

三、对具有国际意义的航空运输和空中航行的一切方面进行研究，将研究结果通知各缔约国，并促进缔约国之间交换有关航空运输和空中航行的资料；

四、研究有关国际航空运输的组织和经营的任何问题，包括干线上国际航班的国际所有和国际经营的问题，并将有关计划提交大会；

五、根据任何一个缔约国的要求，调查对国际空中航行的发展可能出现本可避免的障碍的任何情况，并在调查后发布其认为适宜的报告。

第十章 航行委员会

第五十六条 委员会的提名和任命

航行委员会由理事会在缔约国提名的人员中任命委员十五人组成。此等人员对航空的科学知识和实践应具有合适的资格和经验。理事会应要求所有缔约国提名。航行委员会的主席由理事会任命。①

注① 这是一九七一年七月七日大会第十八届会议修正的该条条文;一九七四年十二月十九日起生效。公约最初条文规定航行委员会为十二席。

第五十七条 委员会的职责

航行委员会应:

一、对本公约附件的修改进行审议并建议理事会予以通过;

二、成立技术小组委员会,任何缔约国如愿意参加,都可指派代表;

三、在向各缔约国收集和传递其认为对改进空中航行有必要和有用的一切资料方面,向理事会提供意见。

第十一章 人事

第五十八条 人员的任命

在符合大会制定的一切规则和本公约条款的情况下,理事会确定秘书长及本组织其他人员的任命及任用终止的办法、训练、薪金、津贴及服务条件,并可雇用任一缔约国国民或使用其服务。

第五十九条 人员的国际性

理事会主席、秘书长以及其他人员对于执行自己的职务,不得征求或接受本组织以外任何当局的指示。缔约各国承允充分尊重此等人员职务的国际性,并不谋求对其任一国民在执行此项职务时施加影响。

第六十条 人员的豁免和特权

缔约各国承允在其宪法程序允许的范围内,对本组织理事会主席、秘书长和其他人员,给以其他国际公共组织相当人员所享受的豁免和特权。如对国际公务人员的豁免和特权达成普遍性国际协定时,则给予本组织理事会主席、秘书长及其他人员的豁免和特权,应为该项普遍性国际协定所给予的豁免和特权。

第十二章 财政

第六十一条 预算和开支分摊①

注① 这是一九五四年六月十四日大会第八届会议修正的该条条文;一九五六年十二月十二日起生效。根据公约第九十四条第一款的规定,修正的条文对批准该修正案的国家生效。对未批准该修正案的国家,原有的条文依然有效。因此将原条文复述如下:

"理事会应将年度预算、年度决算和全部收支的概算提交大会。大会应对预算连同其认为应作的修改进行表决,并除按第十五章规定向各国分摊其同意缴纳的款项外,应将本组织的开支按照随时确定的办法在各缔约国间分摊。"

理事会应将各年度预算、年度决算和全部收支的概算提交大会。大会应对各该预算连同其认为应作的修改进行表决,并除按第十五章规章向各国分摊其同意缴纳的款项外,应将本组织的开支按照随时确定的办法在各缔约国间分摊。

第六十二条 中止表决权

任何缔约国如在合理期限内，不向本组织履行其财务上的义务时，大会可以中止其在大会和理事会的表决权。

第六十三条 代表团及其他代表的费用

缔约各国应负担其出席大会的本国代表团的开支，以及由其任命在理事会工作的任何人员及其出席本组织附属的任何委员会或专门委员会指派人员或代表的报酬、旅费及其他费用。

第十三章 其他国际协议

第六十四条 有关安全的协议

本组织对于在其权限范围之内直接影响世界安全的航空事宜，经由大会表决后，可以与世界各国为保持和平而成立的任何普遍性组织缔结适当的协议。

第六十五条 与其他国际机构订立协议

理事会可以代表本组织同其他国际机构缔结关于合用服务和有关人事的共同安排的协议，并经大会批准后，可以缔结其他为便利本组织工作的协议。

第六十六条 关于其他协定的职能

一、本组织并应根据一九四四年十二月七日在芝加哥订立的国际航班过境协定和国际航空运输协定所规定的条款和条件，履行该两项协定为本组织规定的职能。

二、凡大会和理事会成员国未接受一九四四年十二月七日在芝加哥订立的国际航班过境协定或国际航空运输协定的，对根据此项有关协定的条款而提交大会或理事会的任何问题，没有表决权。

第三部分 国际航空运输

第十四章 资料和报告

第六十七条 向理事会送交报告

缔约各国承允，各该国的国际空运企业按照理事会规定的要求，向理事会送交运输报告、成本统计，以及包括说明一切收入及其来源的财务报告。

第十五章 机场及其他航行设施

第六十八条 航路和机场的指定

缔约各国在不违反本公约的规定下，可以指定任何国际航班在其领土内应遵循的航路和可以使用的机场。

第六十九条 航行设施的改进

理事会如认为某一缔约国的机场或其他航行设施，包括无线电及气象服务，对现有的或筹划中的国际航班的安全、正常、有效和经济的经营尚不够完善时，应与直接有关的国家和影响所及的其他国家磋商，以寻求补救办法，并可对此提出建议。缔约国如不履行此项建议时，不应作违反本公约论。

第七十条 提供航行设施费用

一缔约国在第六十九条规定所引起的情况下，可以与理事会达成协议，以实施该项建议。该国可以自愿担负任何此项协议所必需的一切费用。该国如不愿担负时，理事会可应该国的请求，同意提供全部或一部分费用。

第七十一条 理事会对设施的提供和维护

如一缔约国请求，理事会可以同意全部或部分地提供、维护和管理在该国领土内为其他缔约国国际航班安全、正常、有效和经济的经营所需要的机场及其他航行设施，包括无线电和气象服务、并提供所需的人员。理事会可以规定使用此项设施的公平和合理的费用。

第七十二条 土地的取得或使用

经缔约国请求由理事会全部或部分提供费用的设施，如需用土地时，该国应自行供给，如愿意时可保留此项土地的所有权，或根据该国法律，按照公平合理的条件，对理事会使用此项土地给予便利。

第七十三条 开支和经费的分摊

理事会在大会根据第十二章拨给理事会使用的经费范围内，可以从本组织的总经费中为本章的目的支付经常费用。为本章的目的所需的资金，由理事会按预先同意的比例在一合理期间内，向使用此项设施的空运企业所属的并同意承担的缔约国分摊。理事会也可以向同意承担的国家分摊任何必需的周转金。

第七十四条 技术援助和收入的利用

理事会经一缔约国的要求为其垫款、或全部或部分地提供机场或其他设施时，经该国同意，可以在协议中规定在机场及其设施的管理和经营方面予以技术援助；并规定从经营机场及其他设施的收入中，支付机场及其他设施的业务开支、利息及分期偿还费用。

第七十五条 从理事会接收设备

缔约国可以随时解除其按照第七十条所担负的任何义务，偿付理事会按情况认为合理的款额，以接收理事会根据第七十一条和第七十二条规定在其领土内设置的机场和其他设施。如该国认为理事会所定的数额不合理时，可以对理事会的决定向大会申诉，大会可以确认或修改理事会的决定。

第七十六条 款项的退还

理事会根据第七十五条收回的款项及根据第七十四条所得的利息和分期偿还款项，如原款是按照第七十三条由各国垫付，应由理事会决定按照各该国原垫款的比例退还各该国。

第十六章 联营组织和合营航班

第七十七条 允许联合经营组织

本公约不妨碍两个或两个以上缔约国组成航空运输的联营组织或国际性的经营机构，以及在任何航线或地区合营航班。但此项组织或机构的合营航班，应遵守本公约的一切规定，包括关于将协定向理事会登记的规定。理事会应决定本公约关于航空器国籍的规定以何种方式适合于国际经营机构所用的航空器。

第七十八条 理事会的职能

理事会可以建议各有关缔约国在任何航线或任何地区建立联合组织经营航班。

第七十九条 参加经营组织

一国可以通过其政府或由其政府指定的一家或几家空运企业，参加联营组织或合营安排。此种企业可以是国营、部分国营或私营，安全由有关国家自行决定。

第四部分 最后条款

第十七章 其他航空协定和协议

第八十条 巴黎公约和哈瓦那公约

缔约各国承允，如该国是一九一九年十月十三日在巴黎签订的空中航行管理公约或一九二八年二月二十日在哈瓦那签订的商业航空公约的缔约国，则在本公约生效时，立即声明退出上述公约。在各缔约国间，本公约即代替上述巴黎公约和哈瓦那公约。

第八十一条 现行协定的登记

本公约生效时，一缔约国和任何其他国家间，或一缔约国空运企业和任何其他国家或其他国家空运企业间的一切现行航空协定，应立即向理事会登记。

第八十二条 废除与本公约抵触的协议

缔约各国承认本公约废除了彼此间所有与本公约条款相抵触的义务和谅解，并承允不再承担任何此类义务和达成任何此类谅解。一缔约国如在成为本组织的成员国以前，曾对某一非缔约国或某一缔约国的国民或非缔约国的国民，承担了与本公约的条款相抵触的任何义务，应立即采取步骤，解除其义务。任何缔约国的空运企业如已经承担了任何此类与本公约相抵触的义务，该空运企业所属国应以最大努力立即终止该项义务，无论如何，应在本公约生效后可以合法地采取这种行动时，终止此种义务。

第八十三条 新协议的登记

任何缔约国在不违反前条的规定下，可以订立与本公约各规定不相抵触的协议。任何此种协议，应立即向理事会登记，理事会应尽速予以公布。

第八十三条分条①　职责和义务的转移

注① 一九八〇年十月六日，大会修正芝加哥公约，增加第八十三条分条。该条尚未生效。

一、尽管有第十二条、第三十条、第三十一条和第三十二条第一款的规定，当在一缔约国登记的航空器由在另一缔约国有主营业所或永久居所的经营人根据租用、包用或互换航空器的协议或者任何其他类似协议经营时，登记国可以与该另一国通过协议，将第十二条、第三十条、第三十一条和第三十二条第一款赋予登记国对该航空器的职责和义务转移至该另一国。登记国应被解除对已转移的职责和义务的责任。

二、上述协议未按照第八十三条的规定向理事会登记并公布之前，或者该协议的存在和范围未由协议当事国直接通知各有关缔约国，转移对其他缔约国不发生效力。

三、上述第一款和第二款的规定对第七十七条所指的情况同样适用。

第十八章 争端和违约

第八十四条 争端的解决

如两个或两个以上缔约国对本公约及其附件的解释或适用发生争议，而不能协商解决时，经任何与争议有关的一国申请，应由理事会裁决。理事会成员国如为争端的一方，在理事会审议时，不得参加表决。任何缔约国可以按照第八十五条，对理事会的裁决向争端他方同意的特设仲裁庭或向常设国际法院上诉。任何此项上诉应在接获理事会裁决通知后六十天内通知理事会。

第八十五条 仲裁程序

对理事会的裁决上诉时,如争端任何一方的缔约国,未接受常设国际法院的规约,而争端各方的缔约国又不能在仲裁庭的选择方面达成协议,争端各方缔约国应各指定一仲裁员,再由仲裁员指定一仲裁长。如争端任何一方的缔约国从上诉之日起三个月内未能指定一仲裁员,理事会主席应代替该国从理事会所保存的合格的并可供使用的人员名单中,指定一仲裁员,如各仲裁员在三十天内对仲裁长不能达成协议,理事会主席应从上述名单中指定一仲裁长。各仲裁员和该仲裁长应即联合组成一仲裁庭。根据本条或前条组成的任何仲裁庭,应决定其自己的议事程序,并以多数票作出裁决。但理事会如认为有任何过分延迟的情形,可以对程序问题作出决定。

第八十六条 上诉

除非理事会另有决定,理事会对一国际空运企业的经营是否符合本公约规定的任何裁决,未经上诉撤销,应仍保持有效。关于任何其他事件,理事会的裁决一经上诉,在上诉裁决以前应暂停有效。常设国际法院和仲裁庭的裁决,应为最终的裁决并具有约束力。

第八十七条 对空运企业不遵守规定的处罚

缔约各国承允,如理事会认为一缔约国的空运企业未遵守根据前条所作的最终裁决时,即不准该空运企业在其领土之上的空气空间飞行。

第八十八条 对缔约国不遵守规定的处罚

大会对违反本章规定的任何缔约国,应暂停其在大会和理事会的表决权。

第十九章 战争

第八十九条 战争和紧急状态

如遇战争,本公约的规定不妨碍受战争影响的任一缔约国的行动自由,无论其为交战国或中立国。如遇任何缔约国宣布其处于紧急状态,并将此事通知理事会,上述原则同样适用。

第二十章 附件

第九十条 附件的通过和修正

一、第五十四条第十二款所述的附件,应经为此目的而召开的理事会会议三分之二的票数通过,然后由理事会将此种附件分送缔约各国。任何此种附件或任何附件的修正案,应在送交缔约各国后三个月内,或在理事会所规定的较长时期终了时生效,除非在此期间有半数以上缔约国向理事会表示反对。

二、理事会应将任何附件或其修正案的生效,立即通知所有缔约国。

第二十一章 批准、加入、修正和退出

第九十一条 公约的批准

一、本公约应由各签署国批准。批准书应交存美利坚合众国政府档案处,该国政府应将交存日期通知各签署国和加入国。

二、本公约一经二十六个国家批准或加入后,在第二十六件批准书交存以后第三十天起即在各该国间生效。以后每一国家批准本公约,在其批准书交存后第三十天起对该国生效。

三、美利坚合众国政府应负责将本公约的生效日期通知各签署国和加入国。

第九十二条 公约的加入

一、本公约应对联合国成员国、与联合国有联系的国家以及在此次世界战争中保持中立的国家开放加入。

二、加入本公约应以通知书送交美利坚合众国政府，并从美利坚合众国政府收到通知书后第三十天起生效，美利坚合众国政府并应通知缔约各国。

第九十三条 准许其他国家参加

第九十一条和第九十二条第一款规定以外的国家，在世界各国为保持和平所设立的任何普遍性国际组织的许可下，经大会五分之四的票数通过并在大会可能规定的各种条件下，准许参加本公约；但在每一情况下，应以取得在此次战争中受该请求加入的国家入侵或攻击过的国家的同意为必要条件。

第九十三条分条①

注① 一九四七年五月二十七日，大会决定修正芝加哥公约，增加第九十三条分条。根据公约第九十四条第一款的规定，该修正案于一九六一年三月二十日起对批准该修正案的国家生效。

一、尽管有以上第九十一条、第九十二条和第九十三条的规定。

（一）一国如联合国大会已建议将其政府排除出由联合国建立或与联合国有联系的国际机构，即自动丧失国际民用航空组织成员国的资格。

（二）一国如已被开除出联合国，即自动丧失国际民用航空组织成员国的资格，除非联合国大会对其开除行动附有相反的建议。

二、一国由于上述第一款的规定而丧失国际民用航空组织成员国的资格，经申请，由理事会多数通过，并得到联合国大会批准后，可以重新加入国际民用航空组织。

三、本组织的成员国，如被暂停行使联合国成员国的权利和特权，根据联合国的要求，应暂停其本组织成员国的权利和特权。

第九十四条 公约的修正

一、对本公约所建议的任何修正案，必须经大会三分之二票数通过，并在大会规定数目的缔约国批准后，对已经批准的国家开始生效。规定的国家数目应不少于缔约国总数的三分之二。

二、如大会认为由于修正案的性质而有必要时，可以在其建议通过该修正案的决议中规定，任何国家在该修正案生效后规定的时期内未予批准，即丧失其为本组织成员国及公约参加国的资格。

第九十五条 退出公约

一、任何缔约国在公约生效后三年，可以用通知书通知美利坚合众国政府退出本公约，美利坚合众国政府应立即通知各缔约国。

二、退出公约从收到通告书之日起一年后生效，并仅对宣告退出的国家生效。

第二十二章 定义

第九十六条

就本公约而言：

一、"航班"指以航空器从事乘客、邮件或货物的公共运输的任何定期航班。

二、"国际航班"指经过一个以上国家领土之上的空气空间的航班。

三、"空运企业"指提供或经营国际航班的任何航空运输企业。

四、"非商业性降停"指任何目的不在于上下乘客、货物或邮件的降停。

公约的签署

下列全权代表经正式授权,各代表其本国政府在本公约上签署,以资证明,签署日期位于署名的一侧。

本公约以英文于一九四四年十二月七日订于芝加哥。以英文、法文、西班牙文和俄文①写成的各种文本具有同等效力。这些文本存放于美利坚合众国政府档案处,由该国政府将经过认证的副本分送在本公约上签署或加入本公约的各国政府。本公约应在华盛顿(哥伦比亚特区)开放签署。

注:① 一九七七年九月三十日,大会决定修正芝加哥公约,增加以俄文写成的作准文本。该修正案尚未生效。

2. 关于在航空器内犯罪和某些其他行为的公约

(1963年9月14日　东京)

本公约各缔约国达成协议如下:

第一章　公约的范围

第一条

一、本公约适用于:

(一)违反刑法的犯罪;

(二)可能或确已危害航空器或其所载人员或财产的安全,或者危害航空器内的正常秩序和纪律的行为,不论此种行为是否构成犯罪。

二、除第三章另有规定外、本公约适用于在任何缔约国登记的航空器内的实施的犯罪或行为,无论该航空器是在飞行中或在公海海面上,或在不属于任何国家领土的地区地(水)面上。

三、在本公约中,航空器自起飞使用动力时起,至降落终结时止,被认为在飞行中。

四、本公约不适用于供军事、海关或警察用的航空器。

第二条

在不妨害第四条规定的条件下,和除航空器或者其所载人员或财产的安全有所需要外,本公约的任何规定不得被解释为准许或要求对违反政治性的或者基于种族或宗教歧视的刑法的犯罪采取任何行动。

第二章　管辖权

第三条

一、航空器登记国有权对在该航空器内的犯罪和行为行使管辖权。

二、每一缔约国都应采取必要的措施，以确立其作为登记国对在该国登记的航空器内的犯罪的管辖权。

三、本公约不排除根据本国法行使任何刑事管辖权。

第四条

非登记国的缔约国不得为对航空器内的犯罪行使刑事管辖权而干预飞行中的航空器，但下列情况除外：

一、犯罪在该国领土上具有后果；

二、犯罪人或受害人为该国国民或在该国有永久居所；

三、犯罪危及该国的安全；

四、犯罪违反了该国有关航空器飞行或运转的现行规则或规章；

五、为确保该国遵守其在多边国际协定中所承担的任何义务，有必要行使管辖权。

第三章 航空器机长的权力

第五条

一、本章规定不适用于登记国领空、公海上空或不属于任何国家领土的其他地区上空飞行的航空器内的人已经或即将实施的犯罪和行为，除非前一起飞地点或预定的下一降落地点不在登记国领土上，或该航空器随后在非登记国领空内飞行而该人仍在航空器内。

二、尽管有第一条第三款的规定，在本章内，航空器从装载完毕、机舱外部各门均已关闭时起，直至打开任一机舱门以便卸载时为止，被认为是在飞行中。航空器被迫降落时，本章规定对在航空器内发生的犯罪和行为继续适用，直至国家主管当局接管对该航空器及其所载人员的财产的责任时为止。

第六条

一、机长有正当理由认为某人在航空器内已经或即将实施第一条第一款所指的犯罪或行为时，可以对此人采取必要的合理措施，包括看管措施，以便：

（一）保护航空器或者所载人员或财产的安全；

（二）维持航空器内的正常秩序和纪律；

（三）使他能够按照本章的规定将此人移交主管当局或使此人下机。

二、机长可以要求或授权其他机组成员进行协助，并可以请求或授权（但不得强求）旅客给予协助，来看管他有权看管的任何人。任何机组成员或旅客如果有正当理由认为为保护航空器或者所载人员或财产的安全必须立即行动时，无须经过上述授权，也可采取合理的预防性措施。

第七条

一、按照第六条的规定对某人采取看管措施，应于航空器在任何地点降落后终止施行除非遇有下列情况：

（一）此降落地点是在一个非缔约国的领土上，而该国当局不允许此人下机，或者按照第六条第一款第（三）项的规定，为便于移交给主管当局已经对此人采取了看管措施；

（二）航空器被迫降落，而机长不能将此人移交给主管当局；或者

（三）此人同意在受看管的条件下被继续向前运送。

二、在载有依照第六条规定予以看管的人的航空器在一国领土上降落前，机长应在可

能的情况下，尽速将该航空器内有人受看管的事实及其理由通知该国当局。

第八条

一、机长如果有正当的理由认为某人在航空器内已经或即将实施第一条第一款第（二）项所指的行为时，只要是为第六条第一款第（一）项或第（二）项的目的所必需，可以使该人在航空器降落的任何国家的领土内下机。

二、机长在按照本条规定使某人在一国领土内下机时，应将其下机的事实和理由通知该国当局。

第九条

一、机长如果有正当的理由认为，某人在航空器内实施的行为，在他看来，按照航空器登记国刑法已构成严重犯罪时，可以将该人移交给航空器降落地的任何缔约国的主管当局。

二、当载有依照前款规定拟予移交的人的航空器在一国领土上降落前，机长应在可能的情况下，尽速将其移交该人的意图和理由通知该国当局。

三、机长依照本条规定将被指称的犯罪分子移交一国当局时，应向该当局提供其依据航空器登记国的法律合法掌握的证据和情报。

第十条

对于依据本公约所采取的行动，无论是航空器机长、任何其他机组人员、任何旅客、航空器所有人或经营人，还是为其利益进行此次飞行的人，在因受到上述行动的人遭到损害而提起的诉讼中，都不能被宣布负有责任。

第四章 非法劫持航空器

第十一条

一、如航空器内有人使用暴力或暴力威胁，非法地干扰、劫持或以其他不正当方式控制了飞行中的航空器或者即将实施此类行为时，缔约国应采取一切适当措施，恢复或维持合法机长对航空器的控制。

二、在前款所述情况下，航空器降落地缔约国应准许旅客和机组人员尽快继续其旅行，并将航空器和所载货物交还给合法的占有人。

第五章 各国的权力和责任

第十二条

任何缔约国应准许在另一缔约国登记的航空器的机长，按照第八条第一款的规定，使任何人下机。

第十三条

一、任何缔约国应接受航空器机长按照第九条第一款的规定移交给它的任何人。

二、任何缔约国在判明情况有此需要时，应采取拘留或其他措施，以保证被指称犯了第十一条第一款所指行为的任何人和移交给它的任何人能随时被传唤到场。这种拘留和其他措施应符合该国的法律规定，并不得超过提起刑事诉讼或进行引渡程序所必要的期限。

三、依照前款规定被拘留的任何人，可以立即与其国籍国最近的合格代表取得联系，并应得到进行此种联系的各种方便。

四、在按照第九条第一款将某人移交给任何缔约国时，或者在发生了第十一条第一款所指的行为后航空器在该缔约国降落时，该缔约国应立即对事实进行初步调查。

五、一国根据本条规定将某人拘留，应将拘留该人和事实情况立即通知航空器登记国和被拘留人的国籍国，如果认为适当，并通知其他有关国家。按照本条第四款规定进行初步调查的国家，应尽速将调查结果通知上述各国，并说明它是否行使管辖权。

第十四条

一、当按照第八条第一款下机的人，或者依照第九条第一款予以移交的人，或者在犯了第十一条第一款所指的行为后而下机的人，不能或不愿继续旅行时，航空器降落地国如果拒绝准予入境，且该人又不是该国的国民或在该国无永久居所，则可以将他遣返到其国籍国，或者到其有永久居所的国家，或者到其开始航空旅行的国家。

二、无论是下机、移交、或者第十三条第二款规定的拘留或其他措施，或者将有关人员遣返，就有关缔约国关于人员入境或许可入境的法律而论，都不得视为进入该国领土。本公约的各项规定均不影响缔约国关于将人驱逐出境的法律。

第十五条

一、在不妨碍第十四条规定的条件下，凡按照第八条第一款下机的人，或者按照第九条第一款予以移交的人，或者在犯了第十一条第一款所指的行为后而下机的人，如愿继续其旅行时，可以尽速前往他所选择的任何目的地，但依照航空器降落地国的法律，为进行引渡或提起刑事诉讼要求能随时被传唤到场的不在此限。

二、在不妨碍缔约国关于入境、许可入境和引渡、驱逐出境的法律的条件下，缔约国对于按照第八条第一款在其领土内下机的人，或者按照第九条第一款移交的人，或者已下机并被怀疑犯了第十一条第一款所指的行为的人，在保护和安全方面所给予的待遇不得低于在类似情况下给予其本国国民的待遇。

第六章　其他规定

第十六条

一、在一缔约国登记的航空器内的犯罪，为引渡之目的，应看做不仅是发生在犯罪地点，而且也是发生在航空器登记国领土上。

二、在不妨碍前款规定的条件下，本公约的任何规定不得被解释为给予引渡的义务。

第十七条

在对航空器内犯罪采取调查或逮捕措施，或者以任何其他方式行使管辖权时，各缔约国应对空中航行的安全和其他利益予以应有的注意，并应避免对航空器、旅客、机组人员或货物造成不必要的延误。

第十八条

如果几个缔约国建立航空运输联营组织或国际经营机构，而其使用的航空器未向任何一个国家登记，这些国家应以适当方式，指定其中一国作为本公约所指的登记国，并将此项指定通知国际民用航空组织，由该组织将上述通知转告本公约所有缔约国。

第七章　最后条款

第十九条

本公约直至按照第二十一条规定生效之日止，应对在该日成为联合国或其任一专门机构成员国的任何国家开放签署。

第二十条

一、本公约须经签署国依照其宪法程序予以批准。

二、批准书应交存国际民用航空组织。

第二十一条

一、本公约在十二个签署国交存批准书后，于第十二份批准书交存后的第九十天起在上述国家之间生效，对以后批准本公约的每一个国家，本公约应在其交存批准书后的第九十天起生效。

二、本公约一经生效，应由国际民用航空组织向联合国秘书长登记。

第二十二条

一、本公约生效后，应对联合国或其任一专门机构的任何成员国开放加入。

二、一个国家加入时应向国际民用航空组织交存加入书，并于交存加入书后的第九十天起生效。

第二十三条

一、任何缔约国都可通知国际民用航空组织退出本公约。

二、退出应于国际民用航空组织接到退出通知之日起六个月后生效。

第二十四条

一、两个或几个缔约国之间对本公约的解释或适用发生争端，如不能以谈判解决时，经其中一方的请求，应将争端提交仲裁。凡在请求仲裁之日起六个月内，各当事国对仲裁的组成不能达成协议，其中任何一国可按照国际法院规约，申请将争端提交国际法院。

二、每个国家在签署、批准或加入本公约时，可以声明该国不受前款规定的约束。其他缔约国对作出这种保留的任何缔约国，也不受前款规定的约束。

三、按照前款规定作出保留的任何缔约国，可以在任何时候通知国际民用航空组织撤销这一保留。

第二十五条

除第二十四条规定的情况外，对本公约不得作任何保留。

第二十六条

国际民用航空组织应将下列事项通知联合国或其任一专门机构的所有成员国：

（一）对本公约的任何签署和签署日期；

（二）任何批准书或加入书的交存和交存日期；

（三）本公约按照第二十一条第一款规定的生效日期；

（四）收到退出通知及其日期；

（五）收到根据第二十四条所作的任何声明或通知以及收到的日期。

下列签署的全权代表经正式授权在本公约上签署，以资证明。

一九六三年九月十四日订于东京，用英文、法文和西班牙文写成三种作准文本。

本公约应交存国际民用航空组织，按照第十九条规定在该组织开放签署；该组织应将经认证一副本分送联合国或其任一专门机构的所有成员国。

3. 关于制止非法劫持航空器的公约

(海牙公约)

前　言

本公约各缔约国考虑到非法劫持或控制飞行中的航空器的行为危及人身和财产的安全，严重影响航班的经营，并损害世界人民对民用航空安全的信任；考虑到发生这些行为是令人严重关切的事情；考虑到为了防止这类行为，迫切需要规定适当的措施以惩罚罪犯；协议如下。

第一条　凡在飞行中的航空器内的任何人：

（甲）用暴力或用暴力威胁，或用任何其他恐吓方式，非法劫持或控制该航空器，或企图从事任何这种行为，或

（乙）是从事或企图从事任何这种行为的人的同犯，即是犯有罪行（以下称为"罪行"）。

第二条　各缔约国承允对上述罪行给予严厉惩罚。

第三条

一、在本公约中，航空器从装载完毕、机舱外部各门均已关闭时起，直至打开任一机舱门以便卸载时为止，应被认为是在飞行中。航空器强迫降落时，在主管当局接管对该航空器及其所载人员和财产的责任前，应被认为仍在飞行中。

二、本公约不适用于供军事、海关或警察用的航空器。

三、本公约仅适用于在其内发生罪行的航空器的起飞地点或实际降落地点是在该航空器登记国领土以外，不论该航空器是从事国际飞行或国内飞行。

四、对于第五条所指的情况，如在其内发生罪行的航空器的起飞地点或实际降落地点是在同一个国家的领土内，而这一国家又是该条所指国家之一，则本公约不适用。

五、尽管有本条第三、第四款的规定，如罪犯或被指称的罪犯在该航空器登记国以外的一国领土内被发现，则不论该航空器的起飞地点或实际降落地点在何处，均应适用第六、第七、第八条和第十条。

第四条

一、在下列情况下，各缔约国应采取必要措施，对罪行和对被指称的罪犯对旅客或机组所犯的同该罪行有关的任何其他暴力行为，实施管辖权：

（甲）罪行是在该国登记的航空器内发生的；

（乙）在其内发生罪行的航空器在该国降落时被指称的罪犯仍在该航空器内；

（丙）罪行是在租来时不带机组的航空器内发生的，而承租人的主要营业地，或如承租人没有这种营业地，则其永久居所，是在该国。

二、当被指称的罪犯在缔约国领土内，而该国未按第八条的规定将此人引渡给本条第

一款所指的任一国家时，该缔约国应同样采取必要措施，对这种罪行实施管辖权。

三、本公约不排斥根据本国法行使任何刑事管辖权。

第五条 如缔约各国成立航空运输联营组织或国际经营机构，而其使用的航空器需进行联合登记或国际登记时，则这些缔约国应通过适当方法在它们之间为每一航空器指定一个国家，该国为本公约的目的，应行使管辖权并具有登记国的性质，并应将此项指定通知国际民用航空组织，由该组织将上述通知转告本公约所有缔约国。

第六条

一、罪犯或被指称的罪犯所在的任一缔约国在判明情况有此需要时，应将该人拘留或采取其他措施以保证该人留在境内。这种拘留和其他措施应符合该国的法律规定，但是只有在为了提出刑事诉讼或引渡程序所必要的期间内，才可继续保持这些措施。

二、该国应立即对事实进行初步调查。

三、对根据本条第一款予以拘留的任何人应向其提供协助，以便其立即与其本国最近的合格代表联系。

四、当一国根据本条规定将某人拘留时，它应将拘留该人和应予拘留的情况立即通知航空器登记国、第四条第一款（丙）项所指国家和被拘留人的国籍所属国，如果认为适当，并通知其他有关国家。按照本条第二款规定进行初步调查的国家，应尽速将调查结果通知上述各国，并说明它是否意欲行使管辖权。

第七条 在其境内发现被指称的罪犯的缔约国，如不将此人引渡，则不论罪行是否在其境内发生，应无例外地将此案件提交其主管当局以便起诉。该当局应按照本国法律以对待任何严重性质的普通罪行案件的同样方式作出决定。

第八条

一、前述罪行应看做是包括在缔约各国间现有引渡条约中的一种可引渡的罪行。缔约各国承允将此种罪行作为一种可引渡的罪行列入它们之间将要缔结的每一项引渡条约中。

二、如一缔约国规定只有在订有引渡条约的条件下才可以引渡，而当该缔约国接到未与其订有引渡条约的另一缔约国的引渡要求时，可以自行决定认为本公约是对该罪行进行引渡的法律根据。引渡应遵照被要求国法律规定的其他条件。

三、缔约各国如没有规定只有在订有引渡条约时才可引渡，则在遵照被要求国法律规定的条件下，承认上述罪行是它们之间可引渡的罪行。

四、为在缔约各国间的引渡的目的，罪行应看做不仅是发生在所发生的地点，而且也是发生在根据第四条第一款要求实施其管辖权的国家领土上。

第九条

一、当第一条（甲）款所指的任何行为已经发生或行将发生时，缔约各国应采取一切适当措施以恢复或维护合法机长对航空器的控制。

二、在前款情况下，航空器或其旅客或机组所在的任何缔约国应对旅客和机组继续其旅行尽速提供方便，并应将航空器和所载货物不迟延地交还给合法的所有人。

第十条

一、缔约各国对第四条所指罪行和其他行为提出的刑事诉讼，应相互给予最大程度的协助。在任何情况下，都应适用被要求国的法律。

二、本条第一款的规定，不应影响因任何其他双边或多边条约在刑事问题上全部地或部分地规定或将规定的相互协助而承担的义务。

第十一条 各缔约国应遵照其本国法尽快地向国际民用航空组织理事会就下列各项报告它所掌握的任何有关情况：

（甲）犯罪的情况；

（乙）根据第九条采取的行动；

（丙）对罪犯或被指称的罪犯所采取的措施，特别是任何引渡程序或其他法律程序的结果。

第十二条

一、如两个或几个缔约国之间对本公约的解释或应用发生争端而不能以谈判解决时，经其中一方的要求，应交付仲裁。如果在要求仲裁之日起六个月内，当事国对仲裁的组成不能达成协议，任何一方可按照国际法院规约，要求将争端提交国际法院。

二、每个国家在签字、批准或加入本公约时，可以声明该国不受前款规定的约束。其他缔约国对于任何作出这种保留的缔约国，也不受前款规定的约束。

三、按照前款规定作出保留的任何缔约国，可以在任何时候通知保存国政府撤销这一保留。

第十三条

一、本公约于1970年12月16日在海牙开放，听任1970年12月1日到16日在海牙举行的国际航空法会议（以下称为海牙会议）的参加国签字。1970年12月31日后，本公约将在莫斯科、伦敦和华盛顿向所有国家开放签字。在本公约根据本条第三款开始生效前未在本公约上签字的任何国家，可在任何时候加入本公约。

二、本公约须经签字国批准。批准书和加入书应交存苏维埃社会主义共和国联盟、大不列颠及北爱尔兰联合王国以及美利坚合众国政府，这些政府被指定为保存国政府。

三、本公约应于参加海牙会议的在本公约上签字的十个国家交存批准书后三十天生效。

四、对其他国家，本公约应于本条第三款规定生效之日，或在它们交存批准书或加入书后三十天生效，以两者中较晚的一个日期为准。

五、保存国政府应迅速将每一签字日期、每一批准书或加入书交存日期、本公约开始生效日期以及其他通知事项通知所有签字国和加入国。

六、本公约一经生效，应由保存国政府根据联合国宪章第一百零二条和国际民用航空公约（1944年芝加哥）第八十三条进行登记。

第十四条

一、任何缔约国可以书面通知保存国政府退出本公约。

二、退出应于保存国政府接到通知之日起六个月后生效。

下列签字的全权代表，经各自政府正式授权在本公约上签字，以资证明。1970年12月16日订于海牙，正本一式三份，每份都用英文、法文、俄文和西班牙文四种有效文本写成。

4. 关于制止危害民用航空安全的非法行为的公约

（1971年9月23日　蒙特利尔）

本公约各缔约国

考虑到危害民用航空安全的非法行为危及人身和财产的安全，严重影响航班的经营，并损害世界人民对民用航空安全的信任；

考虑到发生这些行为是令人严重关切的事情；

考虑到为了防止这类行为，迫切需要规定适当的措施以惩罚罪犯；

协议如下。

第一条

一、任何人如果非法地和故意地从事下述行为，即是犯有罪行：

（一）对飞行中的航空器内的人从事暴力行为，如该行为将会危及该航空器的安全；或

（二）破坏使用中的航空器或对该航空器造成损坏，使其不能飞行或将会危及其飞行安全；或

（三）用任何方法在使用中的航空器内放置或使别人放置一种将会破坏该航空器或对其造成损坏使其不能飞行或对其造成损坏而将会危及其飞行安全的装置或物质；或

（四）破坏或损坏航行设备或妨碍其工作，如任何此种行为将会危及飞行中航空器的安全；或

（五）传送他明知是虚假的情报，从而危及飞行中的航空器的安全。

二、任何人如果他从事下述行为，也是犯有罪行：

（一）企图犯本条第一款所指的任何罪行；或

（二）是犯有或企图犯任何此种罪行的人的同犯。

第二条

在本公约中：

（一）航空器从装载完毕、机舱外部各门均已关闭时起，直至打开任一机舱门以便卸载时为止，应被认为是在飞行中；航空器强迫降落时，在主管当局接管对该航空器及其所载人员和财产的责任前，应被认为仍在飞行中。

（二）从地面人员或机组为某一特定飞行而对航空器进行飞行前的准备时起，直到降落后二十四小时止，该航空器应被认为是在使用中；在任何情况下，使用的期间应包括本条甲款所规定的航空器是在飞行中的整个时间。

第三条

各缔约国承允对第一条所指的罪行给予严厉惩罚。

第四条

一、本公约不适用于供军事、海关或警察用的航空器。

二、在第一条第一款（一）、（二）、（三）和（四）各项所指情况下，不论航空器是从事国际飞行或国内飞行，本公约均应适用，只要：

（一）航空器的实际或预定起飞或降落地点是在该航空器登记国领土以外；或

（二）罪行是在该航空器登记国以外的一国领土内发生的。

三、尽管有本条第二款的规定，在第一条第一款（一）、（二）、（三）和（四）项所指情况下，如罪犯或被指称的罪犯是在该航空器登记国以外的一国领土内被发现，则本公约也应适用。

四、关于第九条所指的各国，在第一条第一款（一）、（二）、（三）和（四）项所指的情况下，如本条第二款（一）项所指地点处于同一国家的领土内，而这一国家又是第九条所指国家之一，则本公约不应适用，除非罪行是在该国以外的一国领土内发生或罪犯或被指称的罪犯是在该国以外的一国领土内被发现。

五、在第一条第一款（四）项所指的情况下，只有在航行设备是用于国际航行时，本公约才适用。

六、本条第二、第三、第四和第五款的规定，也适用于第一条第二款所指的情况。

第五条

一、在下列情况下，各缔约国应采取必要措施，对罪行实施管辖权：

（一）罪行是在该国领土内发生的；

（二）罪行是针对在该国登记的航空器，或在该航空器内发生的；

（三）在其内发生犯罪行为的航空器在该国降落时被指称的罪犯仍在航空器内；

（四）罪行是针对租来时不带机组的航空器，或是在该航空器内发生的，而承租人的主要营业地，或如承租人没有这种营业地，则其永久居所，是在该国。

二、当被指称的罪犯在缔约国领土内，而该国未按第八条的规定将此人引渡给本条第一款所指的任一国家时，该缔约国应同样采取必要措施，对第一条第一款（一）、（二）和（三）项所指的罪行，以及对第一条第二款所列与这些款项有关的罪行实施管辖权。

三、本公约不排斥根据本国法行使任何刑事管辖权。

第六条

一、罪犯或被指称的罪犯所在的任一缔约国在判明情况有此需要时，应将该人拘留或采取其他措施以保证该人留在境内。这种拘留和其他措施应符合该国的法律规定，但是只有在为了提出刑事诉讼或引渡程序所必要的期间内，才可继续保持这些措施。

二、该国应立即对事实进行初步调查。

三、对根据本条第一款予以拘留的任何人，应向其提供协助，以便其立即与其本国最近的合格代表联系。

四、当一国根据本条规定将某人拘留时，它应将拘留该人和应予拘留的情况立即通知第五条第一款所指国家和被拘留人的国籍所属国，如果认为适当，并通知其他有关国家。按照本条第二款规定进行初步调查的国家，应尽速将调查结果通知上述各国，并说明它是否意欲行使管辖权。

第七条

在其境内发现被指称的罪犯的缔约国，如不将此人引渡，则不论罪行是否在其境内发生，应无例外地将此案件提交其主管当局以便起诉。该当局应按照本国法律，以对待任何严重性质的普通罪行案件的同样方式作出决定。

第八条

一、前述罪行应看做是包括在缔约各国间现有引渡条约中的一种可引渡的罪行。缔约各国承允将此种罪行作为一种可引渡的罪行列入它们之间将要缔结的每一项引渡条约中。

二、如一缔约国规定只有在订有引渡条约的条件下才可以引渡，而当该缔约国接到未与其订有引渡条约的另一缔约国的引渡要求时，可以自行决定认为本公约是对该罪行进行引渡的法律根据。引渡应遵照被要求国法律规定的其他条件。

三、缔约各国如没有规定只有在订有引渡条约下才可引渡，则在遵照被要求国法律规定的条件下，应承认上述罪行是它们之间可引渡的罪行。

四、为在缔约各国之间引渡的目的，每一罪行应看做不仅是发生在所发生的地点、而且也是发生在根据第五条第一款（二）、（三）和（四）项要求实施其管辖权的国家领土上。

第九条

如缔约各国成立航空运输联营组织或国际经营机构，而其使用的航空器需要进行联合登记或国际登记时，则这些缔约国应通过适当方法在它们之间为每一航空器指定一个国家，该国为本公约的目的，应行使管辖权并具有登记国的性质，并应将此项指定通知国际民用航空组织，由该组织将上述通知转告本公约所有缔约国。

第十条

一、缔约各国应根据国际法和本国法，努力采取一切可能的措施，以防止发生第一条所指的罪行。

二、当由于发生了第一条所指的一种罪行，使飞行延误或中断，航空器、旅客或机组所在的任何缔约国应对旅客和机组继续其旅行尽速提供方便，并应将航空器和所载货物不迟延地交还给合法的所有人。

第十一条

一、缔约各国对上述罪行所提出的刑事诉讼，应相互给予最大程度的协助。在任何情况下，都应适用被要求国的法律。

二、本条第一款的规定，不应影响因任何其他双边或多边条约在刑事问题上全部地或部分地规定或将规定相互协助而承担的义务。

第十二条

任何缔约国如有理由相信将要发生第一条所指的罪行之一时，应遵照其本国法向其认为是第五条第一款所指的国家，提供其所掌握的任何有关情况。

第十三条

一、每一缔约国应遵照其本国法尽快地向国际民用航空组织理事会就下列各项报告它所掌握的任何有关情况：

（一）犯罪的情况；

（二）根据第十条第二款采取的行动；

（三）对罪犯或被称的罪犯所采取的措施，特别是任何引渡程序或其他法律程序的结果。

第十四条

一、如两个或几个缔约国之间对本公约的解释或应用发生争端而不能以谈判解决时，经其中一方的要求，应交付仲裁。如果在要求仲裁之日起六个月内，当事国对仲裁的组成不能达成协议，任何一方可按照国际法院规约，要求将争端提交国际法院。

二、每个国家在签字、批准或加入本公约时，可以声明该国不受前款规定的约束。其他缔约国对于任何作出这种保留的缔约国，也不受前款规定的约束。

三、按照前款规定作出保留的任何缔约国，可以在任何时候通知保存国政府撤销这一保留。

第十五条

一、本公约于1971年9月23日在蒙特利尔开放，听任1971年9月8日到23日在蒙特利尔举行的国际航空法会议（以下称为蒙特利尔会议）的参加国签字。1971年10月10日后，本公约将在莫斯科、伦敦和华盛顿向所有国家开放签字。在本公约根据本条第三款开始生效前未在本公约上签字的任何国家，可在任何时候加入本公约。

二、本公约须经签字国批准。批准书和加入书应交存苏维埃社会主义共和国联盟、大不列颠及北爱尔兰联合王国以及美利坚合众国政府，这些政府被指定为保存国政府。

三、本公约应于参加蒙特利尔会议在本公约上签字的十个国家交存批准书后三十天生效。

四、对其他国家，本公约应于本条第三款规定生效之日，或在它们交存批准书或加入书后三十天生效，以两者中较晚的一个日期为准。

五、保存国政府应迅速将每一签字日期、每一批准书或加入书交存日期、本公约开始生效日期以及其他通知事项通知所有签字国和加入国。

六、本公约一经生效，应由保存国政府根据联合国宪章第一百零二条和国际民用航空公约（1944年芝加哥）第八十三条进行登记。

第十六条

一、任何缔约国可以书面通知保存国政府退出本公约。

二、退出应于保存国政府接到通知之日起六个月后生效。

下列签字的全权代表，经各自政府正式授权在本公约上签字，以资证明。

1971年9月23日订于蒙特利尔，正本一式三份，每份都用英文、法文、俄文和西班牙文四种有效文本写成。

制止在用于国际民用航空的机场发生的非法暴力行为以补充1971年9月23日订于蒙特利尔的制止危害民用航空安全的非法行为的公约的议定书（蒙特利尔议定书）

（1988年2月24日 蒙特利尔）

本议定书之缔约国。

考虑到在用于国际民用航空服务的机场上非法暴力行为危害或可能危害人身安全，危及机场的安全操作，损害全世界人民对民用航空安全的信心，并扰乱各国民用航空的安全与正常经营；

考虑到这类行为的发生为国际社会严重关注，并为防止此类行为而对行为人采取适当的处罚措施是十分必要的；

考虑到有必要为1971年9月23日订于蒙特利尔的《关于制止危害民用航空安全的非法行为的公约》制定补充规定，以对付在用于国际民用航空服务的机场上发生的非法暴力行为；

协议如下。

第一条

本议定书作为对1971年9月23日订于蒙特利尔的《关于制止危害民用航空安全的非法行为的公约》（以下称"公约"）的补充规定，在议定书的缔约方之间，公约和议定书应视为并解释为单一文件。

第二条

一、在公约第一条中，以下规定应增加作为新的第一款之二：

"一之二、任何人使用任何装置、物质或武器非法并故意为下列行为，即构成犯罪：

（一）在为国际民用航空服务的机场上，对任何人实施导致或可能导致其严重伤害或死亡的暴力行为；或

（二）破坏或严重损坏为国际民用航空服务的机场的设施或降停在机场的飞机，或妨碍机场的营运，

如果该行为危害或可能危害机场的安全。"

二、在公约第一条第二款（一）中，应在"第一款"三字之后增加以下6字：

"或第一款之二。"

第三条

在公约第五条中，以下规定应增加作为第二款之二：

"二之二、各缔约国在必要时应采取同样措施以确立对第一条第一款之二和第一条第二款中所指出的犯罪的司法审判，以便罪犯在其领土内并依据第八条规定不引渡至该条第一款（一）中所指的国家时，第一条第二款亦能包含这类犯罪。"

第四条

本议定书应于1988年2月24日在蒙特利尔对参加1988年2月9日至24日于蒙特利尔召开的国际空间法会议的国家开放签字。1988年3月1日起至根据其第六条规定而生效之日止，本议定书应在伦敦、莫斯科、华盛顿和蒙特利尔对所有国家开放签字。

第五条

一、本议定书应由缔约国批准。

二、任何非公约缔约国，可在根据公约第十五条规定批准或接受公约的同时，批准本议定书。

三、批准书应交存苏维埃社会主义共和国联盟、大不列颠及北爱尔兰联合王国以及美利坚合众国政府或国际民用航空组织，这些政府或组织被指定为保存机关。

第六条

一、本议定书应于10个签字国交存批准书后并在第10份批准书交存之日起30天之

后生效。在议定书生效以后交存批准书的国家，议定书应在其交存批准书之日起 30 天以后对其生效。

二、本议定书一经生效，应由保存机关根据联合国宪章第一百零二条和国际民用航空公约（1944，芝加哥）第八十三条的规定进行登记。

第七条

一、本议定书在生效以后，应开放接受任何非签字国的加入。

二、任何非公约缔约国，可在根据公约第十五条规定批准或加入公约的同时，加入本议定书。

三、加入书应交存保存机关，加入自交存加入书 30 天以后生效。

第八条

一、本议定书缔约国可书面通知保存机关退出本议定书。

二、退出应于保存机关接到通知之日起 6 个月后生效。

三、退出本议定书并不表明退出公约。

四、以本议定书作为补充的公约的缔约国退出公约，则视为亦退出本议定书。

第九条

一、保存机关应迅速将下列事项通知本议定书和公约的签字国和加入国：

（一）每一签字日期、每一批准书或加入书的交存日期，和

（二）收到退出本议定书的通知及收到日期。

二、保存机关还应将本议定书根据其第六条规定而生效的日期通知本条第一款所指的国家。

下列签字的全权代表，经各自政府正式授权在本议定书上签字，以资证明。

1988 年 2 月 24 日订于蒙特利尔，正本一式 4 份，每份均用英文、法文、俄文和西班牙文 4 种有效文本写成。

关于注标塑性炸药以便探测的公约

（1991 年 3 月 1 日　蒙特利尔）

本公约缔约国，

意识到恐怖主义的行为对世界安全的影响；

对以摧毁航空器、其他运输工具以及其他目标为目的的恐怖行为表示严重关切；

对利用塑性炸药实施此类恐怖行为十分忧虑；

鉴于注标塑性炸药便于探测，对防止此类非法行为具有重要意义；

承认为防止此类行为的发生，紧急需要制订一个国际文件，使各国承担义务采取适当的措施，以确保塑性炸药按照规定注标；

鉴于联合国安全理事会一九八九年六月十四日第 635 号决议和联合国大会一九八九年十二月四日第 44/39 号决议强烈要求国际民用航空组织加强工作，以建立一种注标塑性炸药以便探测的国际制度；

考虑到国际民用航空组织大会第二十七届会议一致通过的第 a27-8 号决议，批准以绝对优先安排，准备一个关于注标塑性炸药以便探测的新国际文件；

满意地注意到国际民用航空组织理事会在准备公约中的作用，及其担负施行该公约职责的旨意；

达成协议如下。

第一条

在本公约中：

一、"炸药"，是指通常称之为"塑性炸药"的爆炸性产品，包括本公约的技术附件所列明的呈柔韧性或富有弹性的叶片状爆炸物。

二、"探测元素"，是指本公约的技术附件所列明的物质，添加到炸药中使之变为可探测性。

三、"注标"，是指按照本公约的技术附件给炸药添加探测元素。

四、"制造"，是指生产炸药，包括再加工的任何过程。

五、"正式批准的军事装置"，包括，但不限于，炮弹、炸弹、发射物、地（水）雷、导弹、火箭、空心装药按、榴弹以及根据有关国家的法律和规章专门为军事目的制造的穿孔器。

六、"生产国"，是指在其领土上制造炸药的任何国家。

第二条

每一缔约国应采取必要的和有效的措施，禁止和阻止在其领土上制造非注标炸药。

第三条

一、每一缔约国应采取必要的和有效的措施，禁止和阻止非注标炸药运入或运出其领土。

二、前款不适用于执行军事或海关职责的缔约国当局，以与本公约宗旨不相违背的目的运输非注标炸药。该缔约国应按照第四条第一款的规定监管非注标炸药。

第四条

一、每一缔约国应采取必要措施，对于占有或转让在本公约对该国生效之前在其领土上制造或输入其领土的非注标炸药，实施严格的和有效的监管，以便阻止转移或用于与本公约宗旨相违背的目的。

二、每一缔约国应采取必要措施，对不由其执行军事或警察职责的当局所占有、属于本条第一款所指的所有库存炸药，从本公约对该国生效之日起，在三年之内，予以销毁或用于与本公约宗旨不相违背的目的，或者予以注标或使之彻底变为非攻击性质。

三、每一缔约国应采取必要措施，对由其执行军事或警察职责的当局所占有、属于本条第一款所指的所有库存炸药，而未被列入正式批准的军事装置不可分割的一部分，从本公约对该国生效之日起，在十五年之内予以销毁或用于与本公约宗旨不相违背的目的，或者予以注标或使之彻底变为非攻击性质。

四、每一缔约国应采取必要措施，确保对在其领土内发现的，而不是本条前款规定所指的，亦不是在本公约对该国生效时由军事或警察当局占有并列入正式批准的军事装置不可分割的一部分的库存非注标炸药，尽可能早地在其领土上予以销毁。

五、每一缔约国应采取必要措施，对占有和转让本公约的技术附件第一部分第二项所指的炸药施行严格的和有效的监管，以便阻止转移或用于与本公约宗旨相违背的目的。

六、每一缔约国应采取必要措施，确保对在本公约对该国生效后制造的、未被列入本公约的技术附件第一部分第二项第（四）点列明的非注标炸药，以及对不属于上述第二项任何其他点列明的非注标炸药，尽可能早地在其领土上予以销毁。

第五条

一、本公约设立一个炸药技术国际委员会（以下称"委员会"），由国际民用航空组织理事会（以下称"理事会"）在本公约缔约国推荐的人员中任命，至少由十五名、最多由十九名成员组成。

二、委员会的成员系专家，在炸药制造或探测，或者在炸药研究领域中具有直接的和丰富的经验。

三、委员会成员任期三年，可以再次被任命连任。

四、委员会每年至少召开一次会议，在国际民用航空组织总部举行，或者由理事会确定或批准的地点和时间举行。

五、委员会应通过其议事规则，由理事会批准后施行。

第六条

一、委员会应评估炸药制造、注标和探测技术的发展。

二、委员会应通过理事会将其研究结果通报各缔约国和有关国际组织。

三、如需要，委员会应向理事会提交修正本公约技术附件的建议。委员会应尽力就此等建议协商一致作出决定。如不能协商一致，则由委员会成员的三分之二多数通过决定。

四、理事会经委员会建议，可以向各缔约国提出本公约的技术附件的修正案。

第七条

一、每一缔约国可在本公约技术附件修正案通知之日起的九十天内，将其意见送交理事会。理事会应尽快将这些意见转送委员会以便审议。理事会应邀请对修正案发表意见或予以反对的每一缔约国与委员会磋商。

二、委员会应审议缔约各国根据前款发表的意见，并向理事会提交报告。理事会审议委员会的报告后，根据修正案的性质和各缔约国，包括生产国提出的意见，可以建议缔约各国通过修正案。

三、如果所建议的修正案，在理事会通告修正案之日起的九十天内，未被五个缔约国或五个以上缔约国书面通知理事会否决的，即视为通过，并再经一百八十天或在修正案中规定的任何另一期限后，对未明示否决修正案的各缔约国生效。

四、曾明示否决所建议的修正案的各缔约国，可在以后提交接受书或核准书表示同意接受修正案规定的约束。

五、如果五个缔约国或五个以上缔约国反对所建议的修正案，理事会应将该修正案发回委员会作补充审议。

六、如果所建议的修正案按照本条第三款的规定未被通过，理事会亦可召集全体缔约国大会。

第八条

一、各缔约国如有可能，应向理事会提供情报，以帮助委员会履行第六条第一款规定的职责。

二、各缔约国应向理事会报告其执行本公约规定所采取的措施。理事会应将这些情况通报所有缔约国和有关国际组织。

第九条

理事会应与各缔约国和有关国际组织合作,采取适当措施以便于实施本公约,包括提供技术援助和交换有关注标和探测炸药的技术发展情况。

第十条

本公约的技术附件是本公约不可分割的部分。

第十一条

一、缔约各国之间对本公约的解释或适用发生任何争端,如不能以谈判解决时,经其中一方请求,应将争端提交仲裁。凡在请求仲裁之日起六个月内,各当事国对仲裁的组成不能达成协议,其中任何一国可按照国际法院规约,申请将争端提交国际法院。

二、每一缔约国在签署、批准、接受或核准本公约或加入本公约时,可以声明该国不受前款规定的约束。其他缔约国对于任何作出这种保留的缔约国,也不受前款规定的约束。

三、按照前款规定作出保留的任何缔约国,可以在任何时候通知保存者撤销这一保留。

第十二条

除第十一条规定的情况外,对本公约不得作任何保留。

第十三条

一、本公约于一九九一年三月一日在蒙特利尔开放,听由一九九一年二月二十二日至三月一日在蒙特利尔举行的航空法国际会议的参加国签字。一九九一年三月一日后,本公约将在国际民用航空组织总部向所有国家开放签字,直至本公约根据本条第三款规定生效时止。任何未签署本公约的国家,可在任何时候加入本公约。

二、本公约需经国家批准、接受、核准或者加入。批准、接受、核准或加入的文书交由国际民用航空组织保存,国际民用航空组织被指定为保存者。任何国家在交存其批准书、接受书、核准书或加入书时,应声明是否系生产国。

三、本公约自第三十五份批准书、接受书、核准书或加入书交存保存者之日起的第六十天生效,但在这些国家中至少有五个国家已根据本条第二款规定声明是生产国。如果在五个生产国存交其文书之前已交存了三十五份批准书,则本公约自第五个生产国的批准书、接受书、核准书或加入书存交之日起的第六十天生效。

四、对于其他国家,本公约自这些国家交存其批准书、接受书、核准书或加入书之日起六十天后生效。

五、本公约一经生效,即由保存者根据联合国宪章第一百零二条和国际民用航空公约(一九四四年,芝加哥)第八十三条的规定,予以登记。

第十四条

保存者应将下列事项立即通知所有签字国和缔约国:

(一)本公约的每一签字及签字的日期;

（二）每一批准书、接受书、核准书或加入书的交存及交存的日期，对声明是生产国的国家应特别予以注明；

（三）本公约的生效日期；

（四）本公约或其附件的任何修正案的生效日期；

（五）根据第十五条所作的任何退出；

（六）根据第十一条第二款所作的任何声明。

第十五条

一、每一缔约国可向保存者递交书面通知退出本公约。

二、退出自保存者收到退出通知之日起一百八十天后生效。

下列签字的全权代表经正式授权在本公约上签字，以资证明。

本公约于一九九一年三月一日在蒙待利尔订立，一份正本，载有用英文、法文、俄文、西班牙文和阿拉伯文写成五种作准文本。

第三篇

国内航空法规选编

1. 中华人民共和国民用航空法

(1995年10月30日第八届全国人民代表大会
常务委员会第十六次会议通过)

目　　录

第一章　总则
第二章　民用航空器国籍
第三章　民用航空器权利
　第一节　一般规定
　第二节　民用航空器所有权和抵押权
　第三节　民用航空器优先权
　第四节　民用航空器租赁
第四章　民用航空器适航管理
第五章　航空人员
　第一节　一般规定
　第二节　机组
第六章　民用机场
第七章　空中航行
　第一节　空域管理
　第二节　飞行管理
　第三节　飞行保障
　第四节　飞行必备文件
第八章　公共航空运输企业
第九章　公共航空运输

    第一节　一般规定
    第二节　运输凭证
    第三节　承运人的责任
    第四节　实际承运人履行航空运输的特别规定
第十章　通用航空
第十一章　搜寻援救和事故调查
第十二章　对地面第三人损害的赔偿责任
第十三章　对外国民用航空器的特别规定
第十四章　涉外关系的法律适用
第十五章　法律责任
第十六章　附则

第一章　总　则

第一条　为了维护国家的领空主权和民用航空权利，保障民用航空活动安全和有秩序地进行，保护民用航空活动当事人各方的合法权益，促进民用航空事业的发展，制定本法。

第二条　中华人民共和国的领陆和领水之上的空域为中华人民共和国领空。中华人民共和国对领空享有完全的、排他的主权。

第三条　国务院民用航空主管部门对全国民用航空活动实施统一监督管理；根据法律和国务院的决定，在本部门的权限内，发布有关民用航空活动的规定、决定。

国务院民用航空主管部门设立的地区民用航空管理机构依照国务院民用航空主管部门的授权，监督管理各该地区的民用航空活动。

第四条　国家扶持民用航空事业的发展，鼓励和支持发展民用航空的科学研究和教育事业，提高民用航空科学技术水平。

国家扶持民用航空器制造业的发展，为民用航空活动提供安全、先进、经济、适用的民用航空器。

第二章　民用航空器国籍

第五条　本法所称民用航空器，是指除用于执行军事、海关、警察飞行任务外的航空器。

第六条　经中华人民共和国国务院民用航空主管部门依法进行国籍登记的民用航空器，具有中华人民共和国国籍，由国务院民用航空主管部门发给国籍登记证书。

国务院民用航空主管部门设立中华人民共和国民用航空器国籍登记簿，统一记载民用航空器的国籍登记事项。

第七条　下列民用航空器应当进行中华人民共和国国籍登记：

（一）中华人民共和国国家机构的民用航空器；

（二）依照中华人民共和国法律设立的企业法人的民用航空器；企业法人的注册资本中有外商出资的，其机构设置、人员组成和中方投资人的出资比例，应当符合行政法规的规定；

（三）国务院民用航空主管部准予登记的其他民用航空器。

自境外租赁的民用航空器，承租人符合前款规定，该民用航空器的机组人员由承租人配备的，可以申请登记中华人民共和国国籍，但是必须先予注销该民用航空器原国籍登记。

第八条 依法取得中华人民共和国国籍的民用航空器，应当标明规定的国籍标志和登记标志。

第九条 民用航空器不得具有双重国籍。未注销外国国籍的民用航空器不得在中华人民共和国申请国籍登记。

第三章 民用航空器权利

第一节 一般规定

第十条 本章规定的对民用航空器的权利，包括对民用航空器构架、发动机、螺旋桨、无线电设备和其他一切为了在民用航空上使用的，无论安装于其上或者暂时拆离的物品的权利。

第十一条 民用航空器权利人应当就下列权利分别向国务院民用航空主管部办理权利登记：

（一）民用航空器所有权；

（二）通过购买行为取得并占有民用航空器的权利；

（三）根据租赁期限为六个月以上的租赁合同占有民用航空器的权利；

（四）民用航空器抵押权。

第十二条 国务院民用航空主管部门设立民用航空器权利登记簿。同一民用航空器的权利登记事项应当记载于同一权利登记簿中。

民用航空器权利登记事项，可以供公众查询、复制或者摘录。

第十三条 除民用航空器经依法强制拍卖外，在已经登记的民用航空器权利得到补偿或者民用航空器权利人同意之前，民用航空器的国籍登记或者权利登记不得转移至国外。

第二节 民用航空器所有权和抵押权

第十四条 民用航空器所有权的取得、转让和消灭，应当向国务院民用航空主管部门登记；未经登记的，不得对抗第三人。民用航空器所有权的转让，应当签订书面合同。

第十五条 国家所有的民用航空器，由国家授予法人经营管理或者使用的，本法有关民用航空器所有人的规定适用于该法人。

第十六条 设定民用航空器抵押权，由抵押权人和抵押人共同向国务院民用航空主管部门办理抵押权登记；未经登记的，不得对抗第三人。

第十七条 民用航空器抵押权设定后，未经抵押权人同意，抵押人不得将被抵押民用航空器转让他人。

第三节 民用航空器优先权

第十八条 民用航空器优先权，是指债权人依照本法第十九条规定，向民用航空器所有人、承租人提出赔偿请求，对产生该赔偿请求的民用航空器具有优先受偿的权利。

第十九条 下列各项债权具有民用航空器优先权：

（一）援救该民用航空器的报酬；

（二）保管维护该民用航空器的必需费用。

前款规定的各项债权，后发生的先受偿。

第二十条 本法第十九条规定的民用航空器优先权，其债权人应当自援救或者保管维护工作终了之日起三个月内，就其债权向国务院民用航空主管部门登记。

第二十一条 为了债权人的共同利益，在执行人民法院判决以及拍卖过程中产生的费用，应当从民用航空器拍卖所得价款中先行拨付。

第二十二条 民用航空器优先权先于民用航空器抵押权受偿。

第二十三条 本法第十九条的债权转移的，其民用航空器优先权随之转移。

第二十四条 民用航空器优先权应当通过人民法院扣押产生优先权的民用航空器行使。

第二十五条 民用航空器优先权自援救或者保管维护工作终了之日起满三个月时终止；但是，债权人就其债权已经依照本法第二十条规定登记，并具有下列情形之一的除外：

（一）债权人、债务人已经就此项债权的金额达成协议；

（二）有关此项债权的诉讼已经开始。民用航空器优先权不因民用航空器所有权的转让而消灭；但是，民用航空器经依法强制拍卖的除外。

第四节 民用航空器租赁

第二十六条 民用航空器租赁合同，包括融资租赁合同和其他租赁合同，应当以书面形式订立。

第二十七条 民用航空器的融资租赁，是指出租人按照承租人对供货方和民用航空器的选择，购得民用航空器，出租给承租人使用，由承租人定期交纳租金。

第二十八条 融资租赁期间，出租人依法享有民用航空器所有权，承租人依法享有民用航空器的占有、使用、收益权。

第二十九条 融资租赁期间，出租人不得干扰承租人依法占有、使用民用航空器；承租人应当适当地保管民用航空器，使之处于原交付时的状态，但是合理损耗和经出租人同意的对民用航空器的改变除外。

第三十条 融资租赁期满，承租人应当将符合本法第二十九条规定状态的民用航空器退还出租人；但是，承租人依照合同行使购买民用航空器的权利或者为继续租赁而占有民用航空器的除外。

第三十一条 民用航空器融资租赁中的供货方，不就同一损害同时对出租人和承租人承担责任。

第三十二条 融资租赁期间，经出租人同意，在不损害第三人利益的情况下，承租人可以转让其对民用航空器的占有权或者租赁合同约定的其他权利。

第三十三条 民用航空器的融资租赁和租赁期限为六个月以上的其他租赁，承租人应当就其对民用航空器的占有权向国务院民用航空主管部门办理登记；未经登记的，不得对抗第三人。

第四章　民用航空器适航管理

第三十四条　设计民用航空器及其发动机、螺旋桨和民用航空器上设备，应当向国务院民用航空主管部门申请领取型号合格证书。经审查合格的，发给型号合格证书。

第三十五条　生产、维修民用航空器及其发动机、螺旋桨和民用航空器上设备，应当向国务院民用航空主管部门申请领取生产许可证、维修许可证书。经审查合格的，发给相应的证书。

第三十六条　外国制造人生产的任何型号的民用航空器及其发动机、螺旋桨和民用航空器上设备，首次进口中国的，该外国制造人应当向国务院民用航空主管部门申请领取型号认可证书。经审查合格的，发给型号认可证书。

已取得外国颁发的型号合格证书的民用航空器及其发动机、螺旋桨和民用航空器上设备，首次在中国境内生产的，该型号合格证书的持有人应当向国务院民用航空主管部门申请领取型号认可证书。经审查合格的，发给型号认可证书。

第三十七条　具有中华人民共和国国籍的民用航空器，应当持有国务院民用航空主管部门颁发的适航证书，方可飞行。

出口民用航空器及其发动机、螺旋桨和民用航空器上设备，制造人应当向国务院民用航空主管部门申请领取出口适航证书。经审查合格的，发给出口适航证书。

租用的外国民用航空器，应当经国务院民用航空主管部门对其原国籍登记国发给的适航证书审查认可或者另发适航证书，方可飞行。

民用航空器适航管理规定，由国务院制定。

第三十八条　民用航空器的所有人或者承租人应当按照适航证书规定的使用范围使用民用航空器，做好民用航空器的维修保养工作，保证民用航空器处于适航状态。

第五章　航空人员

第一节　一般规定

第三十九条　本法所称航空人员，是指下列从事民用航空活动的空勤人员和地面人员：

（一）空勤人员，包括驾驶员、领航员、飞行机械人员、飞行通信员、乘务员；

（二）地面人员，包括民用航空器维修人员、空中交通管制员、飞行签派员、航空电台通信员。

第四十条　航空人员应当接受专门训练，经考核合格，取得国务院民用航空主管部门颁发的执照，方可担任其执照载明的工作。

空勤人员和空中交通管制员在取得执照前，还应当接受国务院民用航空主管部门认可的体格检查单位的检查，并取得国务院民用航空主管部门颁发的体格检查合格证书。

第四十一条　空勤人员在执行飞行任务时，应当随身携带执照和体格检查合格证书，并接受国务院民用航空主管部门的查验。

第四十二条 航空人员应当接受国务院民用航空主管部门定期或者不定期的检查和考核；经检查、考核合格的，方可继续担任其执照载明的工作。空勤人员还应当参加定期的紧急程序训练。

空勤人员间断飞行的时间超过国务院民用航空主管部门规定时限的，应当经过检查和考核；乘务员以外的空勤人员还应当经过带飞。经检查、考核、带飞合格的，方可继续担任其执照载明的工作。

第二节 机　组

第四十三条 民用航空器机组由机长和其他空勤人员组成。机长应当由具有独立驾驶该型号民用航空器的技术和经验的驾驶员担任。

机组的组成和人员数额，应当符合国务院民用航空主管部门的规定。

第四十四条 民用航空器的操作由机长负责，机长应当严格履行职责，保护民用航空器及其所载人员和财产的安全。

机长在其职权范围内发布的命令，民用航空器所载人员都应当执行。

第四十五条 飞行前，机长应当对民用航空器实施必要的检查；未经检查，不得起飞。机长发现民用航空器、机场、气象条件等不符合规定，不能保证飞行安全的，有权拒绝起飞。

第四十六条 飞行中，对于任何破坏民用航空器、扰乱民用航空器内秩序、危害民用航空器所载人员或者财产安全以及其他危及飞行安全的行为，在保证安全的前提下，机长有权采取必要的适当措施。

飞行中，遇到特殊情况时，为保证民用航空器及其所载人员的安全，机长有权对民用航空器作出处置。

第四十七条 机长发现机组人员不适宜执行飞行任务的，为保证飞行安全，有权提出调整。

第四十八条 民用航空器遇险时，机长有权采取一切必要措施，并指挥机组人员和航空器上其他人员采取抢救措施。在必须撤离遇险民用航空器的紧急情况下，机长必须采取措施，首先组织旅客安全离开民用航空器；未经机长允许，机组人员不得擅自离开民用航空器；机长应当最后离开民用航空器。

第四十九条 民用航空器发生事故，机长应当直接或者通过空中交通管制单位，如实将事故情况及时报告国务院民用航空主管部门。

第五十条 机长收到船舶或者其他航空器的遇险信号，或者发现遇险的船舶、航空器及其人员，应当将遇险情况及时报告就近的空中交通管制单位并给予可能的合理的援助。

第五十一条 飞行中，机长因故不能履行职务的，由仅次于机长职务的驾驶员代理机长；在下一个经停地起飞前，民用航空器所有人或者承租人应当指派新机长接任。

第五十二条 只有一名驾驶员，不需配备其他空勤人员的民用航空器，本节对机长的规定，适用于该驾驶员。

第六章　民用机场

第五十三条 本法所称民用机场，是指专供民用航空器起飞、降落、滑行、停放以及进行其他活动使用的划定区域，包括附属的建筑物、装置和设施。

本法所称民用机场不包括临时机场。

军民合用机场由国务院、中央军事委员会另行制定管理办法。

第五十四条 民用机场的建设和使用应当统筹安排、合理布局，提高机场的使用效率。

全国民用机场的布局和建设规划，由国务院民用航空主管部门会同国务院其他有关部门制定，并按照国家规定的程序，经批准后组织实施。

省、自治区、直辖市人民政府应当根据全国民用机场的布局和建设规划，制定本行政区域内的民用机场建设规划，并按照国家规定的程序报经批准后，将其纳入本级国民经济和社会发展规划。

第五十五条 民用机场建设规划应当与城市建设规划相协调。

第五十六条 新建、改建和扩建民用机场，应当符合依法制定的民用机场布局和建设规划，符合民用机场标准，并按照国家规定报经有关主管机关批准并实施。

不符合依法制定的民用机场布局和建设规划的民用机场建设项目，不得批准。

第五十七条 新建、扩建民用机场，应当由民用机场所在地县级以上地方人民政府发布公告。前款规定的公告应当在当地主要报纸上刊登，并在拟新建、扩建机场周围地区张贴。

第五十八条 禁止在依法划定的民用机场范围内和按照国家规定划定的机场净空保护区域内从事下列活动：

（一）修建可能在空中排放大量烟雾、粉尘、火焰、废气而影响飞行安全的建筑物或者设施；

（二）修建靶场、强烈爆炸物仓库等影响飞行安全的建筑物或者设施；

（三）修建不符合机场净空要求的建筑物或者设施；

（四）设置影响机场目视助航设施使用的灯光、标志或者物体；

（五）种植影响飞行安全或者影响机场助航设施使用的植物；

（六）饲养、放飞影响飞行安全的鸟类动物和其他物体；

（七）修建影响机场电磁环境的建筑物或者设施。

禁止在依法划定的民用机场范围内放养牲畜。

第五十九条 民用机场新建、扩建的公告发布前，在依法规定的民用机场范围内和按照国家规定划定的机场净空保护区域内存在的可能影响飞行安全的建筑物、构筑物、树木、灯光和其他障碍物体，应当在规定的期限内清除；对由此造成的损失，应当给予补偿或者依法采取其他补救措施。

第六十条 民用机场新建、扩建的公告发布后，任何单位和个人违反本法和有关行政法规的规定，在依法划定的民用机场范围内和按照国家规定划定的机场净空保护区域内修建、种植或者设置影响飞行安全的建筑物、构筑物、树木、灯光和其他障碍物体的，由机场所在地县级以上地方人民政府责令清除；由此造成的损失，由修建、种植或者设置该障碍物体的人承担。

第六十一条 在民用机场及其按照国家规定划定的净空保护区域以外，对可能影响飞行安全的高大建筑物或者设施，应当按照国家有关规定设置飞行障碍灯和标志，并使其保持正常状态。

第六十二条 民用机场应当持有机场使用许可证，方可开放使用。

民用机场具备下列条件，并按照国家规定经验收合格后，方可申请机场使用许可证：

（一）具备与其运营业务相适应的飞行区、航站区、工作区以及服务设施和人员；

（二）具备能够保障飞行安全的空中交通管制、通信导航、气象等设施和人员；

（三）具备符合国家规定的安全保卫条件；

（四）具备处理特殊情况的应急计划以及相应的设施和人员；

（五）具备国务院民用航空主管部门规定的其他条件。国际机场还应当具备国际通航条件，设立海关和其他口岸检查机关。

第六十三条 民用机场使用许可证由机场管理机构向国务院民用航空主管部门申请，经国务院民用航空主管部门审查批准后颁发。

第六十四条 设立国际机场，由国务院民用航空主管部门报请国务院审查批准。

国际机场的开放使用，由国务院民用航空主管部门对外公告；国际机场资料由国务院民用航空主管部门统一对外提供。

第六十五条 民用机场应当按照国务院民用航空主管部门的规定，采取措施，保证机场内人员和财产的安全。

第六十六条 供运输旅客或者货物的民用航空器使用的民用机场，应当按照国务院民用航空主管部门规定的标准，设置必要设施，为旅客和货物托运人、收货人提供良好的服务。

第六十七条 民用机场管理机构应当依照环境保护法律、行政法规的规定，做好机场环境保护工作。

第六十八条 民用航空器使用民用机场及其助航设施的，应当缴纳使用费、服务费；使用费、服务费的收费标准，由国务院民用航空主管部门会同国务院财政部门、物价主管部门制定。

第六十九条 民用机场废弃或者改作他用，民用机场管理机构应当依照国家规定办理报批手续。

第七章 空 中 航 行

第一节 空 域 管 理

第七十条 国家对空域实行统一管理。

第七十一条 划分空域，应当兼顾民用航空和国防安全的需要以及公众的利益，使空域得到合理、充分、有效的利用。

第七十二条 空域管理的具体办法，由国务院、中央军事委员会制定。

第二节 飞 行 管 理

第七十三条 在一个划定的管制空域内，由一个空中交通管制单位负责该空域内的航空器的空中交通管制。

第七十四条 民用航空器在管制空域内进行飞行活动,应当取得空中交通管制单位的许可。

第七十五条 民用航空器应当按照空中交通管制单位指定的航路和飞行高度飞行;因故确需偏离指定的航路或者改变飞行高度飞行的,应当取得空中交通管制单位的许可。

第七十六条 在中华人民共和国境内飞行的航空器,必须遵守统一的飞行规则。

进行目视飞行的民用航空器,应当遵守目视飞行规则,并与其他航空器、地面障碍物体保持安全距离。进行仪表飞行的民用航空器,应当遵守仪表飞行规则。

飞行规则由国务院、中央军事委员会制定。

第七十七条 民用航空器机组人员的飞行时间、执勤时间不得超过国务院民用航空主管部门规定的时限。

民用航空器机组人员受到酒类饮料、麻醉剂或者其他药物的影响,损及工作能力的,不得执行飞行任务。

第七十八条 民用航空器除按照国家规定经特别批准外,不得飞入禁区;除遵守规定的限制条件外,不得飞入限制区。

前款规定的禁区和限制区,依照国家规定划定。

第七十九条 民用航空器不得飞越城市上空;但是,有下列情形之一的除外:

(一)起飞、降落或者指定的航路所必需的;

(二)飞行高度足以使该航空器在发生紧急情况时离开城市上空,而不致危及地面上的人员、财产安全的;

(三)按照国家规定的程序获得批准的。

第八十条 飞行中,民用航空器不得投掷物品;但是,有下列情形之一的除外:

(一)飞行安全所必需的;

(二)执行救助任务或者符合社会公共利益的其他飞行任务所必需的。

第八十一条 民用航空器未经批准不得飞出中华人民共和国领空。对未经批准正在飞离中华人民共和国领空的民用航空器,有关部门有权根据具体情况采取必要措施,予以制止。

第三节 飞行保障

第八十二条 空中交通管制单位应当为飞行中的民用航空器提供空中交通服务,包括空中交通管制服务、飞行情报服务和告警服务。

提供空中交通管制服务,旨在防止民用航空器同航空器、民用航空器同障碍物体相撞,维持并加速空中交通的有秩序的活动。

提供飞行情报服务,旨在提供有助于安全和有效地实施飞行的情报和建议。提供告警服务,旨在当民用航空器需要搜寻援救时,通知有关部门,并根据要求协助该有关部门进行搜寻援救。

第八十三条 空中交通管制单位发现民用航空器偏离指定航路、迷失航向时,应当迅速采取一切必要措施,使其回归航路。

第八十四条 航路上应当设置必要的导航、通信、气象和地面监视设备。

第八十五条 航路上影响飞行安全的自然障碍物体,应当在航图上标明;航路上影响飞行安全的人工障碍物体,应当设置飞行障碍灯和标志,并使其保持正常状态。

第八十六条 在距离航路边界三十公里以内的地带,禁止修建靶场和其他可能影响飞行安全的设施;但是,平射轻武器靶场除外。

在前款规定地带以外修建固定的或者临时性对空发射场,应当按照国家规定获得批准;对空发射场的发射方向,不得与航路交叉。

第八十七条 任何可能影响飞行安全的活动,应当依法获得批准,并采取确保飞行安全的必要措施,方可进行。

第八十八条 国务院民用航空主管部门应当依法对民用航空无线电台和分配给民用航空系统使用的专用频率实施管理。

任何单位或者个人使用的无线电台和其他仪器、装置,不得妨碍民用航空无线电专用频率的正常使用。对民用航空无线电专用频率造成有害干扰的,有关单位或者个人应当迅速排除干扰;未排除干扰前,应当停止使用该无线电台或者其他仪器、装置。

第八十九条 邮电通信企业应当对民用航空电信传递优先提供服务。

国家气象机构应当对民用航空气象机构提供必要的气象资料。

第四节 飞行必备文件

第九十条 从事飞行的民用航空器,应当携带下列文件:

(一)民用航空器国籍登记证书;
(二)民用航空器适航证书;
(三)机组人员相应的执照;
(四)民用航空器航行记录簿;
(五)装有无线电设备的民用航空器,其无线电台执照;
(六)载有旅客的民用航空器,其所载旅客姓名及其出发地点和目的地点的清单;
(七)载有货物的民用航空器,其所载货物的舱单和明细的申报单;
(八)根据飞行任务应当携带的其他文件。民用航空器未按规定携带前款所列文件的,国务院民用航空主管部门或者其授权的地区民用航空管理机构可以禁止该民用航空器起飞。

第八章 公共航空运输企业

第九十一条 公共航空运输企业,是指以营利为目的,使用民用航空器运送旅客、行李、邮件或者货物的企业法人。

第九十二条 设立公共航空运输企业,应当向国务院民用航空主管部门申请领取经营许可证,并依法办理工商登记;未取得经营许可证的,工商行政管理部门不得办理工商登记。

第九十三条 设立公共航空运输企业,应当具备下列条件:

(一)有符合国家规定的适应保证飞行安全要求的民用航空器;
(二)有必需的依法取得执照的航空人员;

（三）有不少于国务院规定的最低限额的注册资本；
（四）法律、行政法规规定的其他条件。

第九十四条 公共航空运输企业的组织形式、组织机构适用公司法的规定。

本法施行前设立的公共航空运输企业，其组织形式、组织机构不完全符合公司法规定的，可以继续沿用原有的规定，适用前款规定的日期由国务院规定。

第九十五条 公共航空运输企业应当以保证飞行安全和航班正常，提供良好服务为准则，采取有效措施，提高运输服务质量。

公共航空运输企业应当教育和要求本企业职工严格履行职责，以文明礼貌、热情周到的服务态度，认真做好旅客和货物运输的各项服务工作。

旅客运输航班延误的，应当在机场内及时通告有关情况。

第九十六条 公共航空运输企业申请经营定期航班运输（以下简称航班运输）的航线，暂停、终止经营航线，应当报经国务院民用航空主管部门批准。公共航空运输企业经营航班运输，应当公布班期时刻。

第九十七条 公共航空运输企业的营业收费项目，由国务院民用航空主管部门确定。

国内航空运输的运价管理办法，由国务院民用航空主管部门会同国务院物价主管部门制定，报国务院批准后执行。

国际航空运输运价的制定按照中华人民共和国政府与外国政府签订的协定、协议的规定执行；没有协定、协议的，参照国际航空运输市场价格制定运价，报国务院民用航空主管部门批准后执行。

第九十八条 公共航空运输企业从事不定期运输，应当经国务院民用航空主管部门批准，并不得影响航班运输的正常经营。

第九十九条 公共航空运输企业应当依照国务院制定的公共航空运输安全保卫规定，制定安全保卫方案，并报国务院民用航空主管部门备案。

第一百条 公共航空运输企业不得运输法律、行政法规规定的禁运物品。

公共航空运输企业未经国务院民用航空主管部门批准，不得运输作战军火、作战物资。

禁止旅客随身携带法律、行政法规规定的禁运物品乘坐民用航空器。

第一百零一条 公共航空运输企业运输危险品，应当遵守国家有关规定。禁止以非危险品品名托运危险品。禁止旅客随身携带危险品乘坐民用航空器。除因执行公务并按照国家规定经过批准外，禁止旅客携带枪支、管制刀具乘坐民用航空器。禁止违反国务院民用航空主管部门的规定将危险品作为行李托运。

危险品品名由国务院民用航空主管部门规定并公布。

第一百零二条 公共航空运输企业不得运输拒绝接受安全检查的旅客，不得违反国家规定运输未经安全检查的行李。

公共航空运输企业必须按照国务院民用航空主管部门的规定，对承运的货物进行安全检查或者采取其他保证安全的措施。

第一百零三条 公共航空运输企业从事国际航空运输的民用航空器及其所载人员、行李、货物应当接受边防、海关、检疫等主管部门的检查；但是，检查时应当避免不必要的延误。

第一百零四条 公共航空运输企业应当依照有关法律、行政法规的规定优先运输邮件。

第一百零五条 公共航空运输企业应当投保地面第三人责任险。

第九章 公共航空运输

第一节 一般规定

第一百零六条 本章适用于公共航空运输企业使用民用航空器经营的旅客、行李或者货物的运输,包括公共航空运输企业使用民用航空器办理的免费运输。

本章不适用于使用民用航空器办理的邮件运输。

对多式联运方式的运输,本章规定适用于其中的航空运输部分。

第一百零七条 本法所称国内航空运输,是指根据当事人订立的航空运输合同,运输的出发地点、约定的经停地点和目的地点均在中华人民共和国境内的运输。

本法所称国际航空运输,是指根据当事人订立的航空运输合同,无论运输有无间断或者有无转运,运输的出发地点、目的地点或者约定的经停地点之一不在中华人民共和国境内的运输。

第一百零八条 航空运输合同各方认为几个连续的航空运输承运人办理的运输是一项单一业务活动的,无论其形式是以一个合同订立或者数个合同订立,应当视为一项不可分割的运输。

第二节 运输凭证

第一百零九条 承运人运送旅客,应当出具客票。旅客乘坐民用航空器,应当交验有效客票。

第一百一十条 客票应当包括的内容由国务院民用航空主管部门规定,至少应当包括以下内容:

(一)出发地点和目的地点;

(二)出发地点和目的地点均在中华人民共和国境内,而在境外有一个或者数个约定的经停地点的,至少注明一个经停地点;

(三)旅客航程的最终目的地点、出发地点或者约定的经停地点之一不在中华人民共和国境内,依照所适用的国际航空运输公约的规定,应当在客票上声明此项运输适用该公约的,客票上应当载有该项声明。

第一百一十一条 客票是航空旅客运输合同订立和运输合同条件的初步证据。

旅客未能出示客票、客票不符合规定或者客票遗失,不影响运输合同的存在或者有效。

在国内航空运输中,承运人同意旅客不经其出票而乘坐民用航空器的,承运人无权援用本法第一百二十八条有关赔偿责任限制的规定。

在国际航空运输中,承运人同意旅客不经其出票而乘坐民用航空器的,或者客票上未依照本法第一百一十条第(三)项的规定声明的,承运人无权援用本法第一百二十九条有关赔偿责任限制的规定。

第一百一十二条 承运人载运托运行李时，行李票可以包含在客票之内或者与客票相结合。除本法第一百一十条的规定外，行李票还应当包括下列内容：

（一）托运行李的件数和重量；

（二）需要声明托运行李在目的地点交付时的利益的，注明声明金额。

行李票是行李托运和运输合同条件的初步证据。

旅客未能出示行李票、行李票不符合规定或者行李票遗失，不影响运输合同的存在或者有效。

在国内航空运输中，承运人载运托运行李而不出具行李票的，承运人无权援用本法第一百二十八条有关赔偿责任限制的规定。

在国际航空运输中，承运人载运托运行李而不出具行李票的，或者行李票上未依照本法第一百一十条第（三）项的规定声明的，承运人无权援用本法第一百二十九条有关赔偿责任限制的规定。

第一百一十三条 承运人有权要求托运人填写航空货运单，托运人有权要求承运人接受该航空货运单。托运人未能出示航空货运单、航空货运单不符合规定或者航空货运单遗失，不影响运输合同的存在或者有效。

第一百一十四条 托运人应当填写航空货运单正本一式三份，连同货物交给承运人。

航空货运单第一份注明"交承运人"，由托运人签字、盖章；第二份注明"交收货人"，由托运人和承运人签字、盖章；第三份由承运人在接受货物后签字、盖章，交给托运人。

承运人根据托运人的请求填写航空运单的，在没有相反证据的情况下，应当视为代托运人填写。

第一百一十五条 航空货运单应当包括的内容由国务院民用航空主管部门规定，至少应当包括以下内容：

（一）出发地点和目的地点；

（二）出发地点和目的地点均在中华人民共和国境内，而在境外有一个或者数个约定的经停地点的，至少注明一个经停地点；

（三）货运运输的最终目的地点、出发地点或者约定的经停地点之一不在中华人民共和国境内，依照所适用的国际航空运输公约的规定，应当在货运单上声明此项运输适用该公约的，货运单上应当载有该项声明。

第一百一十六条 在国内航空运输中，承运人同意未经填具航空货运单而载运货物的，承运人无权援用本法第一百二十八条有关赔偿责任限制的规定。

在国际航空运输中，承运人同意未经填具航空货运单而载运货物的，或者航空货运单上未依照本法第一百一十五条第（三）项的规定声明的，承运人无权援用本法第一百二十九条有关赔偿责任限制的规定。

第一百一十七条 托运人应当对航空货运单上所填关于货物的说明和声明的正确性负责。

因航空货运单上所填的说明和声明不符合规定、不正确或者不完全，给承运人或者承运人对之负责的其他人造成损失的,托运人应当承担赔偿责任。

第一百一十八条 航空货运单是航空货物运输合同订立和运输条件以及承运人接受货物的初步证据。

航空货运单上关于货物的重量、尺寸、包装和包装件数的说明具有初步证据的效力。除经过承运人和托运人当面查对并在航空货运单上注明经过查对或者书写关于货物的外表情况的说明外,航空货运单上关于货物的数量、体积和情况的说明不能构成不利于承运人的证据。

第一百一十九条 托运人在履行航空货物运输合同规定的义务的条件下,有权在出发地机场或者目的地机场将货物提回,或者在途中经停时中止运输,或者在目的地点或者途中要求将货物交给非航空货运单上指定的收货人,或者要求将货物运回出发地机场;但是,托运人不得因行使此种权利而使承运人或者其他托运人遭受损失,并应当偿付由此产生的费用。

托运人的指示不能执行的,承运人应当立即通知托运人。

承运人按照托运人的指示处理货物,没有要求托运人出示其所收执的航空货运单,给该航空货运单的合法持有人造成损失的,承运人应当承担责任,但是不妨碍承运人向托运人追偿。

收货人的权利依照本法第一百二十条规定开始时,托运人的权利即告终止;但是,收货人拒绝接受航空货运单或者货物,或者承运人无法同收货人联系的,托运人恢复其对货物的处置权。

第一百二十条 除本法第一百一十九条所列情形外,收货人于货物到达目的地点,并在缴付应付款项和履行航空货运单上所列运输条件后,有权要求承运人移交航空货运单并交付货物。

除另有约定外,承运人应当在货物到达后立即通知收货人。

承运人承认货物已经遗失,或者货物在应当到达之日起 7 日后仍未到达的,收货人有权向承运人行使航空货物运输合同所赋予的权利。

第一百二十一条 托运人和收货人在履行航空货物运输合同规定的义务的条件下,无论为本人或者他人的利益,可以以本人的名义分别行使本法第一百一十九条和第一百二十条所赋予的权利。

第一百二十二条 本法第一百一十九条、第一百二十条和第一百二十一条的规定,不影响托运人同收货人之间的相互关系,也不影响从托运人或者收货人获得权利的第三人之间的关系。

任何与本法第一百一十九条、第一百二十条和第一百二十一条规定不同的合同条款,应当在航空货运单上载明。

第一百二十三条 托运人应当提供必需的资料和文件,以便在货物交付收货人前完成法律、行政法规规定的有关手续;因没有此种资料、文件,或者此种资料、文件不充足或者不符合规定造成的损失,除由于承运人或者其受雇人、代理人的过错造成的外,托运人应当对承运人承担责任。

除法律、行政法规另有规定外,承运人没有对前款规定的资料或者文件进行检查的义务。

第三节　承运人的责任

第一百二十四条　因发生在民用航空器上或者在旅客上、下民用航空器过程中的事件，造成旅客人身伤亡的，承运人应当承担责任；但是，旅客的人身伤亡完全是由于旅客本人的健康状况造成的，承运人不承担责任。

第一百二十五条　因发生在民用航空器上或者在旅客上、下民用航空器过程中的事件，造成旅客随身携带物品毁灭、遗失或者损坏的，承运人应当承担责任。因发生在航空运输期间的事件，造成旅客的托运行李毁灭、遗失或者损坏的，承运人应当承担责任。

旅客随身携带物品或者托运行李的毁灭、遗失或者损坏完全是由于行李本身的自然属性、质量或者缺陷造成的，承运人不承担责任。

本章所称行李，包括托运行李和旅客随身携带的物品。

因发生在航空运输期间的事件，造成货物毁灭、遗失或者损坏的，承运人应当承担责任；但是，承运人证明货物的毁灭、遗失或者损坏完全是由于下列原因之一造成的，不承担责任：

（一）货物本身的自然属性、质量或者缺陷；

（二）承运人或者其受雇人、代理人以外的人包装货物的，货物包装不良；

（三）战争或者武装冲突；

（四）政府有关部门实施的与货物入境、出境或者过境有关的行为。

本条所称航空运输期间，是指在机场内、民用航空器上或者机场外降落的任何地点，托运行李、货物处于承运人掌管之下的全部期间。

航空运输期间，不包括机场外的任何陆路运输、海上运输、内河运输过程；但是，此种陆路运输、海上运输、内河运输是为了履行航空运输合同而装载、交付或者转运，在没有相反证据的情况下，所发生的损失视为在航空运输期间发生的损失。

第一百二十六条　旅客、行李或者货物在航空运输中因延误造成的损失，承运人应当承担责任；但是，承运人证明本人或者其受雇人、代理人为了避免损失的发生，已经采取一切必要措施或者不可能采取此种措施的，不承担责任。

第一百二十七条　在旅客、行李运输中，经承运人证明，损失是由索赔人的过错造成或者促成的，应当根据造成或者促成此种损失的过错的程度，相应免除或者减轻承运人的责任。旅客以外的其他人就旅客死亡或者受伤提出赔偿请求时，经承运人证明，死亡或者受伤是旅客本人的过错造成或者促成的，同样应当根据造成或者促成此种损失的过错的程度，相应免除或者减轻承运人的责任。

在货物运输中，经承运人证明，损失是由索赔人或者代行权利人的过错造成或者促成的，应当根据造成或者促成此种损失的过错的程度，相应免除或者减轻承运人的责任。

第一百二十八条　国内航空运输承运人的赔偿责任限额由国务院民用航空主管部门制定，报国务院批准后公布执行。

旅客或者托运人在交运托运行李或者货物时，特别声明在目的地点交付时的利益，并在必要时支付附加费的，除承运人证明旅客或者托运人声明的金额高于托运行李或者货物在目的地点交付时的实际利益外，承运人应当在声明金额范围内承担责任；本法第一百二十九条的其他规定，除赔偿责任限额外，适用于国内航空运输。

第一百二十九条 国际航空运输承运人的赔偿责任限额按照下列规定执行。

（一）对每名旅客的赔偿责任限额为 16600 计算单位；但是，旅客可以同承运人书面约定高于本项规定的赔偿责任限额。

（二）对托运行李或者货物的赔偿责任限额，每千克为 17 计算单位。旅客或者托运人在交运托运行李或者货物时，特别声明在目的地点交付时的利益，并在必要时支付附加费的，除承运人证明旅客或者托运人声明的金额高于托运行李或者货物在目的地点交付时的实际利益外，承运人应当在声明金额范围内承担责任。

托运行李或者货物的一部分或者托运行李、货物中的任何物件毁灭、遗失、损坏或者延误的，用以确定承运人赔偿责任限额的重量，仅为该一包件或者数包件的总重量；但是，因托运行李或者货物的一部分或者托运行李、货物中的任何物件的毁灭、遗失、损坏或者延误，影响同一份行李票或者同一份航空货运单所列其他包件的价值的，确定承运人的赔偿责任限额时，此种包件的总重量也应当考虑在内。

（三）对每名旅客随身携带的物品的赔偿责任限额为 332 计算单位。

第一百三十条 任何旨在免除本法规定的承运人责任或者降低本法规定的赔偿责任限额的条款，均属无效；但是，此种条款的无效，不影响整个航空运输合同的效力。

第一百三十一条 有关航空运输中发生的损失的诉讼，不论其根据如何，只能依照本法规定的条件和赔偿责任限额提出，但是不妨碍谁有权提起诉讼以及他们各自的权利。

第一百三十二条 经证明，航空运输中的损失是由于承运人或者其受雇人、代理人的故意或者明知可能造成损失而轻率地作为或者不作为造成的，承运人无权援用本法第一百二十八条、第一百二十九条有关赔偿责任限制的规定；证明承运人的受雇人、代理人有此种作为或者不作为的，还应当证明该受雇人、代理人是在受雇、代理范围内行事。

第一百三十三条 就航空运输中的损失向承运人的受雇人、代理人提起诉讼时，该受雇人、代理人证明他是在受雇、代理范围内行事的，有权援用本法第一百二十八条、第一百二十九条有关赔偿责任限制的规定。

在前款规定情形下，承运人及其受雇人、代理人的赔偿总额不得超过法定的赔偿责任限额。

经证明，航空运输中的损失是由于承运人的受雇人、代理人的故意或者明知可能造成损失而轻率地作为或者不作为造成的，不适用本条第一款和第二款的规定。

第一百三十四条 旅客或者收货人收受托运行李或者货物而未提出异议，为托运行李或者货物已经完好交付并与运输凭证相符的初步证据。

托运行李或者货物发生损失的，旅客或者收货人应当在发现损失后向承运人提出异议。托运行李发生损失的，至迟应当自收到托运行李之日起七日内提出；货物发生损失的，至迟应当自收到货物之日起十四日内提出。托运行李或者货物发生延误的，至迟应当自托运行李或者货物交付旅客或者收货人处置之日起二十一日内提出。

任何异议均应当在前款规定的期间内写在运输凭证上或者另以书面提出。

除承运人有欺诈行为外，旅客或者收货人未在本条第二款规定的期间内提出异议的，不能向承运人提出索赔诉讼。

第一百三十五条 航空运输的诉讼时效期间为二年,自民用航空器到达目的地点、应当到达目的地点或者运输终止之日起计算。

第一百三十六条 由几个航空承运人办理的连续运输,接受旅客、行李或者货物的每一个承运人应当受本法规定的约束,并就其根据合同办理的运输区段作为运输合同的订约一方。

对前款规定的连续运输,除合同明文约定第一承运人应当对全程运输承担责任外,旅客或者其继承人只能对发生事故或者延误的运输区段的承运人提起诉讼。

托运行李或者货物的毁灭、遗失、损坏或者延误,旅客或者托运人有权对第一承运人提起诉讼,旅客或者收货人有权对最后承运人提起诉讼,旅客、托运人和收货人均可以对发生毁灭、遗失、损坏或者延误的运输区段的承运人提起诉讼。上述承运人应当对旅客、托运人或者收货人承担连带责任。

第四节 实际承运人履行航空运输的特别规定

第一百三十七条 本节所称缔约承运人,是指以本人名义与旅客或者托运人,或者与旅客或者托运人的代理人,订立本章调整的航空运输合同的人。

本节所称实际承运人,是指根据缔约承运人的授权,履行前款全部或者部分运输的人,不是指本章规定的连续承运人;在没有相反证明时,此种授权被认为是存在的。

第一百三十八条 除本节另有规定外,缔约承运人和实际承运人都应当受本章规定的约束。缔约承运人应当对合同约定的全部运输负责。实际承运人应当对其履行的运输负责。

第一百三十九条 实际承运人的作为和不作为,实际承运人的受雇人、代理人在受雇、代理范围内的作为和不作为,关系到实际承运人履行的运输的,应当视为缔约承运人的作为和不作为。

缔约承运人的作为和不作为,缔约承运人的受雇人、代理人在受雇、代理范围内的作为和不作为,关系到实际承运人履行的运输的,应当视为实际承运人的作为和不作为;但是,实际承运人承担的责任不因此种作为或者不作为而超过法定的赔偿责任限额。

任何有关缔约承运人承担本章未规定的义务或者放弃本章赋予的权利的特别协议,或者任何有关依照本法第一百二十八条、第一百二十九条规定所作的在目的地点交付时利益的特别声明,除经实际承运人同意外,均不得影响实际承运人。

第一百四十条 依照本章规定提出的索赔或者发出的指示,无论是向缔约承运人还是向实际承运人提出或者发出的,具有同等效力;但是,本法第一百一十九条规定的指示,只在向缔约承运人发出时,方有效。

第一百四十一条 实际承运人的受雇人、代理人或者缔约承运人的受雇人、代理人,证明他是在受雇、代理范围内行事的,就实际承运人履行的运输而言,有权援用本法第一百二十八条、第一百二十九条有关赔偿责任限制的规定,但是依照本法规定不得援用赔偿责任限制规定的除外。

第一百四十二条 对于实际承运人履行的运输,实际承运人、缔约承运人以及他们的在受雇、代理范围内行事的受雇人、代理人的赔偿总额不得超过依照本法得以从缔约承运人或者实际承运人获得赔偿的最高数额；但是，其中任何人都不承担超过对他适用的赔偿责任限额。

第一百四十三条 对实际承运人履行的运输提起的诉讼，可以分别对实际承运人或者缔约承运人提起，也可以同时对实际承运人和缔约承运人提起；被提起诉讼的承运人有权要求另一承运人参加应诉。

第一百四十四条 除本法第一百四十三条规定外，本节规定不影响实际承运人和缔约承运人之间的权利、义务。

第十章 通用航空

第一百四十五条 通用航空，是指使用民用航空器从事公共航空运输以外的民用航空活动，包括从事工业、农业、林业、渔业和建筑业的作业飞行以及医疗卫生、抢险救灾、气象探测、海洋监测、科学实验、教育训练、文化体育等方面的飞行活动。

第一百四十六条 从事通用航空活动，应当具备下列条件：

（一）有与所从事的通用航空活动相适应，符合保证飞行安全要求的民用航空器；

（二）有必需的依法取得执照的航空人员；

（三）符合法律、行政法规规定的其他条件。从事经营性通用航空，限于企业法人。

第一百四十七条 从事非经营性通用航空的，应当向国务院民用航空主管部门办理登记。

从事经营性通用航空的，应当向国务院民用航空主管部门申请领取通用航空经营许可证，并依法办理工商登记；未取得经营许可证的，工商行政管理部门不得办理工商登记。

第一百四十八条 通用航空企业从事经营性通用航空活动，应当与用户订立书面合同，但是紧急情况下的救护或者救灾飞行除外。

第一百四十九条 组织实施作业飞行时，应当采取有效措施，保证飞行安全，保护环境和生态平衡，防止对环境、居民、作物或者牲畜等造成损害。

第一百五十条 从事通用航空活动的，应当投保地面第三人责任险。

第十一章 搜寻援救和事故调查

第一百五十一条 民用航空器遇到紧急情况时，应当发送信号，并向空中交通管制单位报告，提出援救请求；空中交通管制单位应当立即通知搜寻援救协调中心。民用航空器在海上遇到紧急情况时，还应当向船舶和国家海上搜寻援救组织发送信号。

第一百五十二条 发现民用航空器遇到紧急情况或者收听到民用航空器遇到紧急情况的信号的单位或者个人，应当立即通知有关的搜寻援救协调中心、海上搜寻援救组织或者当地人民政府。

第一百五十三条 收到通知的搜寻援救协调中心、地方人民政府和海上搜寻援救组织，应当立即组织搜寻援救。

收到通知的搜寻援救协调中心，应当设法将已经采取的搜寻援救措施通知遇到紧急情况的民用航空器。搜寻援救民用航空器的具体办法，由国务院规定。

第一百五十四条 执行搜寻援救任务的单位或者个人，应当尽力抢救民用航空器所载人员，按照规定对民用航空器采取抢救措施并保护现场，保存证据。

第一百五十五条 民用航空器事故的当事人以及有关人员在接受调查时，应当如实提供现场情况和与事故有关的情节。

第一百五十六条 民用航空器事故调查的组织和程序，由国务院规定。

第十二章 对地面第三人损害的赔偿责任

第一百五十七条 因飞行中的民用航空器或者从飞行中的民用航空器上落下的人或者物，造成地面（包括水面，下同）上的人身伤亡或者财产损害的，受害人有权获得赔偿；但是，所受损害并非造成损害的事故的直接后果，或者所受损害仅是民用航空器依照国家有关的空中交通规则在空中通过造成的，受害人无权要求赔偿。

前款所称飞行中，是指自民用航空器为实际起飞而使用动力时起至着陆冲程终了时止；就轻于空气的民用航空器而言，飞行中是指自其离开地面时起至其重新着地时止。

第一百五十八条 本法第一百五十七条规定的赔偿责任，由民用航空器的经营人承担。

前款所称经营人，是指损害发生时使用民用航空器的人。民用航空器的使用权已经直接或者间接地授予他人，本人保留对该民用航空器的航行控制权的，本人仍被视为经营人。

经营人的受雇人、代理人在受雇、代理过程中使用民用航空器，无论是否在其受雇、代理范围内行事，均视为经营人使用民用航空器。

民用航空器登记的所有人应当被视为经营人，并承担经营人的责任；除非在判定其责任的诉讼中，所有人证明经营人是他人，并在法律程序许可的范围内采取适当措施使该人成为诉讼当事人之一。

第一百五十九条 未经对民用航空器有航行控制权的人同意而使用民用航空器，对地面第三人造成损害的，有航行控制权的人除证明本人已经适当注意防止此种使用外，应当与该非法使用人承担连带责任。

第一百六十条 损害是武装冲突或者骚乱的直接后果，依照本章规定应当承担责任的人不承担责任。依照本章规定应当承担责任的人对民用航空器的使用权业经国家机关依法剥夺的，不承担责任。

第一百六十一条 依照本章规定应当承担责任的人证明损害是完全由于受害人或者其受雇人、代理人的过错造成的，免除其赔偿责任；应当承担责任的人证明损害是部分由于受害人或者其受雇人、代理人的过错造成的，相应减轻其赔偿责任。但是，损害是由于受害人的受雇人、代理人的过错造成时，受害人证明其受雇人、代理人的行为超出其所授权的范围的，不免除或者不减轻应当承担责任的人的赔偿责任。

一人对另一人的死亡或者伤害提起诉讼，请求赔偿时，损害是该另一人或者其受雇人、代理人的过错造成的，适用前款规定。

第一百六十二条 两个以上的民用航空器在飞行中相撞或者相扰，造成本法第一百五十七条规定的应当赔偿的损害,或者两个以上的民用航空器共同造成此种损害的,各有关民用航空器均应当被认为已经造成此种损害,各有关民用航空器的经营人均应当承担责任。

第一百六十三条 本法第一百五十八条第四款和第一百五十九条规定的人,享有依照本章规定经营人所能援用的抗辩权。

第一百六十四条 除本章有明确规定外,经营人、所有人和本法第一百五十九条规定的应当承担责任的人,以及他们的受雇人、代理人,对于飞行中的民用航空器或者从飞行中的民用航空器上落下的人或者物造成的地面上的损害不承担责任,但是故意造成此种损害的人除外。

第一百六十五条 本章不妨碍依照本章规定应当对损害承担责任的人向他人追偿的权利。

第一百六十六条 民用航空器的经营人应当投保地面第三人责任险或者取得相应的责任担保。

第一百六十七条 保险人和担保人除享有与经营人相同的抗辩权,以及对伪造证件进行抗辩的权利外,对依照本章规定提出的赔偿请求只能进行下列抗辩:

(一)损害发生在保险或者担保终止有效后;然而保险或者担保在飞行中期满的,该项保险或者担保在飞行计划中所载下一次降落前继续有效,但是不得超过二十四小时;

(二)损害发生在保险或者担保所指定的地区范围外,除非飞行超出该范围是由于不可抗力、援助他人所必需,或者驾驶、航行或者领航上的差错造成的。前款关于保险或者担保继续有效的规定,只在对受害人有利时适用。

第一百六十八条 仅在下列情形下,受害人可以直接对保险人或者担保人提起诉讼,但是不妨碍受害人根据有关保险合同或者担保合同的法律规定提起直接诉讼的权利:

(一)根据本法第一百六十七条第(一)项、第(二)项规定,保险或者担保继续有效的;

(二)经营人破产的。

除本法第一百六十七条第一款规定的抗辩权,保险人或者担保人对受害人依照本章规定提起的直接诉讼不得以保险或者担保的无效或者追溯力终止为由进行抗辩。

第一百六十九条 依照本法第一百六十六条规定提供的保险或者担保,应当被专门指定优先支付本章规定的赔偿。

第一百七十条 保险人应当支付给经营人的款项,在本章规定的第三人的赔偿请求未满足前,不受经营人的债权人的扣留和处理。

第一百七十一条 地面第三人损害赔偿的诉讼时效期间为二年,自损害发生之日起计算;但是,在任何情况下,时效期间不得超过自损害发生之日起三年。

第一百七十二条 本章规定不适用于下列损害:

(一)对飞行中的民用航空器或者对该航空器上的人或者物造成的损害;

(二)为受害人同经营人或者同发生损害时对民用航空器有使用权的人订立的合同所约束,或者为适用两方之间的劳动合同的法律有关职工赔偿的规定所约束的损害;

(三)核损害。

第十三章 对外国民用航空器的特别规定

第一百七十三条 外国人经营的外国民用航空器，在中华人民共和国境内从事民用航空活动，适用本章规定；本章没有规定的，适用本法其他有关规定。

第一百七十四条 外国民用航空器根据其国籍登记国政府与中华人民共和国政府签订的协定、协议的规定，或者经中华人民共和国国务院民用航空主管部门批准或者接受，方可飞入、飞出中华人民共和国领空和在中华人民共和国境内飞行、降落。

对不符合前款规定，擅自飞入、飞出中华人民共和国领空的外国民用航空器，中华人民共和国有关机关有权采取必要措施，令其在指定的机场降落；对虽然符合前款规定，但是有合理的根据认为需要对其进行检查的，有关机关有权令其在指定的机场降落。

第一百七十五条 外国民用航空器飞入中华人民共和国领空，其经营人应当提供有关证明书，证明其已经投保地面第三人责任险或者已经取得相应的责任担保；其经营人未提供有关证明书的，中华人民共和国国务院民用航空主管部门有权拒绝其飞入中华人民共和国领空。

第一百七十六条 外国民用航空器的经营人经其本国政府指定，并取得中华人民共和国国务院民用航空主管部门颁发的经营许可证，方可经营中华人民共和国政府与该外国政府签订的协定、协议规定的国际航班运输；外国民用航空器的经营人经其本国政府批准，并获得中华人民共和国国务院民用主管部门批准，方可经营中华人民共和国境内一地和境外一地之间的不定期航空运输。

前款规定的外国民用航空器经营人，应当依照中华人民共和国法律、行政法规的规定，制定相应的安全保卫方案，报中华人民共和国国务院民用航空主管部门备案。

第一百七十七条 外国民用航空器的经营人，不得经营中华人民共和国境内两点之间的航空运输。

第一百七十八条 外国民用航空器，应当按照中华人民共和国国务院民用航空主管部门批准的班期时刻或者飞行计划飞行；变更班期时刻或者飞行计划的，其经营人应当获得中华人民共和国国务院民用航空主管部门的批准；因故变更或者取消飞行的，其经营人应当及时报告中华人民共和国国务院民用航空主管部门。

第一百七十九条 外国民用航空器应当在中华人民共和国国务院民用航空主管部门指定的设关机场起飞或者降落。

第一百八十条 中华人民共和国国务院民用航空主管部门和其他主管机关，有权在外国民用航空器降落或者飞出时查验本法第九十条规定的文件。外国民用航空器及其所载人员、行李、货物，应当接受中华人民共和国有关主管机关依法实施的入境出境、海关、检疫等检查。实施前两款规定的查验、检查，应当避免不必要的延误。

第一百八十一条 外国民用航空器国籍登记国发给或者核准的民用航空器适航证书、机组人员合格证书和执照，中华人民共和国政府承认其有效；但是，发给或者核准此项证书或者执照的要求，应当等于或者高于国际民用航空组织制定的最低标准。

第一百八十二条 外国民用航空器在中华人民共和国搜寻援救区内遇险，其所有人或者国籍登记国参加搜寻援救工作,应当经中华人民共和国国务院民用航空主管部门批准或者按照两国政府协议进行。

第一百八十三条 外国民用航空器在中华人民共和国境内发生事故,其国籍登记国和其他有关国家可以指派观察员参加事故调查。事故调查报告和调查结果,由中华人民共和国国务院民用航空主管部门告知该外国民用航空器的国籍登记国和其他有关国家。

第十四章 涉外关系的法律适用

第一百八十四条 中华人民共和国缔结或者参加的国际条约同本法有不同规定的,适用国际条约的规定;但是,中华人民共和国声明保留的条款除外。

中华人民共和国法律和中华人民共和国缔结或者参加的国际条约没有规定的,可以适用国际惯例。

第一百八十五条 民用航空器所有权的取得、转让和消灭,适用民用航空器国籍登记国法律。

第一百八十六条 民用航空器抵押权适用民用航空器国籍登记国法律。

第一百八十七条 民用航空器优先权适用受理案件的法院所在地法律。

第一百八十八条 民用航空运输合同当事人可以选择合同适用的法律,但是法律另有规定的除外;合同当事人没有选择的,适用与合同有最密切联系的国家的法律。

第一百八十九条 民用航空器对地面第三人的损害赔偿,适用侵权行为地法律。

民用航空器在公海上空对水面第三人的损害赔偿,适用受理案件的法院所在地法律。

第一百九十条 依照本章规定适用外国法律或者国际惯例,不得违背中华人民共和国的社会公共利益。

第十五章 法律责任

第一百九十一条 以暴力、胁迫或者其他方法劫持航空器的,依照关于惩治劫持航空器犯罪分子的决定追究刑事责任。

第一百九十二条 对飞行中的民用航空器上的人员使用暴力,危及飞行安全,尚未造成严重后果的,依照刑法第一百零五条的规定追究刑事责任;造成严重后果的,依照刑法第一百零六条的规定追究刑事责任。

第一百九十三条 违反本法规定,隐匿携带炸药、雷管或者其他危险品乘坐民用航空器,或者以非危险品品名托运危险品,尚未造成严重后果的,比照刑法第一百六十三条的规定追究刑事责任;造成严重后果的,依照刑法第一百一十条的规定追究刑事责任。

企业事业单位犯前款罪的,判处罚金,并对直接负责的主管人员和其他直接责任人员依照前款规定追究刑事责任。

隐匿携带枪支子弹、管制刀具乘坐民用航空器的,比照刑法第一百六十三条的规定追究刑事责任。

第一百九十四条 公共航空运输企业违反本法第一百零一条的规定运输危险品的,由国务院民用航空主管部门没收违法所得,可以并处违法所得一倍以下的罚款。

公共航空运输企业有前款行为，导致发生重大事故的，没收违法所得，判处罚金；并对直接负责的主管人员和其他直接责任人员依照刑法第一百一十五条的规定追究刑事责任。

第一百九十五条　故意在使用中的民用航空器上放置危险品或者唆使他人放置危险品，足以毁坏该民用航空器，危及飞行安全，尚未造成严重后果的，依照刑法第一百零七条的规定追究刑事责任；造成严重后果的，依照刑法第一百一十条的规定追究刑事责任。

第一百九十六条　故意传递虚假情报，扰乱正常飞行秩序，使公私财产遭受重大损失的，依照刑法第一百五十八条的规定追究刑事责任。

第一百九十七条　盗窃或者故意损毁、移动使用中的航行设施，危及飞行安全，足以使民用航空器发生坠落、毁坏危险，尚未造成严重后果的，依照刑法第一百零八条的规定追究刑事责任；造成严重后果的，依照刑法第一百一十条的规定追究刑事责任。

第一百九十八条　聚众扰乱民用机场秩序的，依照刑法第一百五十九条的规定追究刑事责任。

第一百九十九条　航空人员玩忽职守，或者违反规章制度，导致发生重大飞行事故，造成严重后果的，分别依照、比照刑法第一百八十七条或者第一百一十四条的规定追究刑事责任。

第二百条　违反本法规定，尚不够刑事处罚，应当给予治安管理处罚的，依照治安管理处罚条例的规定处罚。

第二百零一条　违反本法第三十七条的规定，民用航空器无适航证书而飞行，或者租用的外国民用航空器未经国务院民用航空主管部门对原国籍登记国发给的适航证书审查认可或者另发适航证书而飞行的，由国务院民用航空主管部门责令停止飞行，没收违法所得，可以并处违法所得一倍以上五倍以下的罚款；没有违法所得的，处以十万元以上一百万元以下的罚款。

第二百零二条　违反本法第三十四条、第三十六条第二款的规定，将未取得型号合格证书、型号认可证书的民用航空器及其发动机、螺旋桨或者民用航空器上的设备投入生产的，由国务院民用航空主管部门责令停止生产，没收违法所得，可以并处违法所得一倍以下的罚款；没有违法所得的，处以五万元以上五十万元以下的罚款。

第二百零三条　违反本法第三十五条的规定，未取得生产许可证书、维修许可证书而从事生产、维修活动的，违反本法第九十二条、第一百四十七条第二款的规定，未取得公共航空运输经营许可证或者通用航空经营许可证而从事公共航空运输或者从事经营性通用航空的，国务院民用航空主管部门可以责令停止生产、维修或者经营活动。

第二百零四条　已取得本法第三十五条规定的生产许可证书、维修许可证书的企业，因生产、维修的质量问题造成严重事故的，国务院民用航空主管部门可以吊销其生产许可证书或者维修许可证书。

第二百零五条　违反本法第四十条的规定，未取得航空人员执照、体格检查合格证书而从事相应的民用航空活动的，由国务院民用航空主管部门责令停止民用航空活动，在国务院民用航空主管部门规定的限期内不得申领有关执照和证书，对其所在单位处以二十万元以下的罚款。

第二百零六条 有下列违法情形之一的，由国务院民用航空主管部门对民用航空器的机长给予警告或者吊扣执照一个月至六个月的处罚，情节较重的，可以给予吊销执照的处罚：

（一）机长违反本法第四十五条第一款的规定，未对民用航空器实施检查而起飞的；

（二）民用航空器违反本法第七十五条的规定，未按照空中交通管制单位指定的航路和飞行高度飞行，或者违反本法第七十九条的规定飞越城市上空的。

第二百零七条 违反本法第七十四条的规定，民用航空器未经空中交通管制单位许可进行飞行活动的，由国务院民用航空主管部门责令停止飞行，对该民用航空器所有人或者承租人处以一万元以上十万元以下的罚款；对该民用航空器的机长给予警告或者吊扣执照一个月至六个月的处罚，情节较重的，可以给予吊销执照的处罚。

第二百零八条 民用航空器的机长或者机组其他人员有下列行为之一的，由国务院民用航空主管部门给予警告或者吊扣执照一个月至六个月的处罚；有第（二）项或者第（三）项所列行为的，可以给予吊销执照的处罚：

（一）在执行飞行任务时，不按照本法第四十一条的规定携带执照和体格检查合格证书的；

（二）民用航空器遇险时，违反本法第四十八条的规定离开民用航空器的；

（三）违反本法第七十七条第二款的规定执行飞行任务的。

第二百零九条 违反本法第八十条的规定，民用航空器在飞行中投掷物品的，由国务院民用航空主管部门给予警告，可以对直接责任人员处以二千元以上二万元以下的罚款。

第二百一十条 违反本法第六十二条的规定，未取得机场使用许可证开放使用民用机场的，由国务院民用航空主管部门责令停止开放使用；没收违法所得，可以并处违法所得一倍以下的罚款。

第二百一十一条 公共航空运输企业、通用航空企业违反本法规定，情节较重的，除依照本法规定处罚外，国务院民用航空主管部门可以吊销其经营许可证。对被吊销经营许可证的，工商行政管理部门应吊销其营业执照。

第二百一十二条 国务院民用航空主管部门和地区民用航空管理机构的工作人员，玩忽职守、滥用职权、徇私舞弊，构成犯罪的，依法追究刑事责任；尚不构成犯罪的，依法给予行政处分。

第十六章　附　　则

第二百一十三条 本法所称计算单位，是指国际货币基金组织规定的特别提款权；其人民币数额为法院判决之日、仲裁机构裁决之日或者当事人协议之日，按照国家外汇主管机关规定的国际货币基金组织的特别提款权对人民币的换算办法计算得出的人民币数额。

第二百一十四条 本法自 1996 年 3 月 1 日起施行。

2. 中华人民共和国民用航空安全保卫条例

（1996年7月6日中华人民共和国
国务院令第201号发布）

目 录

第一章 总 则
第二章 民用机场的安全保卫
第三章 民用航空营运的安全保卫
第四章 安全检查
第五章 罚 则
第六章 附 则

第一章 总 则

第一条 为了防止对民用航空活动的非法干扰，维护民用航空秩序，保障民用航空安全，制定本条例。

第二条 本条例适用于在中华人民共和国领域内的一切民用航空活动以及与民用航空活动有关的单位和个人。

在中华人民共和国领域外从事民用航空活动的具有中华人民共和国国籍的民用航空器适用本条例；但是，中华人民共和国缔结或者参加的国际条约另有规定的除外。

第三条 民用航空安全保卫工作实行统一管理、分工负责的原则。

民用航空公安机关（以下简称民航公安机关）负责对民用航空安全保卫工作实施统一管理、检查和监督。

第四条 有关地方人民政府与民用航空单位应当密切配合，共同维护民用航空安全。

第五条 旅客、货物托运人和收货人以及其他进入机场的人员，应当遵守民用航空安全管理的法律、法规和规章。

第六条 民用机场经营人和民用航空器经营人应当履行下列职责：

（一）制定本单位民用航空安全保卫方案，并报国务院民用航空主管部门备案；

（二）严格实行有关民用航空安全保卫的措施；

（三）定期进行民用航空安全保卫训练，及时消除危及民用航空安全的隐患。

与中华人民共和国通航的外国民用航空企业，应当向国务院民用航空主管部门报送民用航空安全保卫方案。

第七条 公民有权向民航公安机关举报预谋劫持、破坏民用航空器或者其他危害民用航空安全的行为。

第八条 对维护民用航空安全做出突出贡献的单位或者个人，由有关人民政府或者国务院民用航空主管部门给予奖励。

第二章 民用机场的安全保卫

第九条 民用机场（包括军民合用机场中的民用部分，下同）的新建、改建或者扩建，应当符合国务院民用航空主管部门关于民用机场安全保卫设施建设的规定。

第十条 民用机场开放使用，应当具备下列安全保卫条件：
（一）设有机场控制区并配备专职警卫人员；
（二）设有符合标准的防护围栏和巡逻通道；
（三）设有安全保卫机构并配备相应的人员和装备；
（四）设有安全检查机构并配备与机场运输量相适应的人员和检查设备；
（五）设有专职消防组织并按照机场消防等级配备人员和设备；
（六）订有应急处置方案并配备必要的应急援救设备。

第十一条 机场控制区应当根据安全保卫的需要，划定为候机隔离区、行李分检装卸区、航空器活动区和维修区、货物存放区等，并分别设置安全防护设施和明显标志。

第十二条 机场控制区应当有严密的安全保卫措施，实行封闭式分区管理。具体管理办法由国务院民用航空主管部门制定。

第十三条 人员与车辆进入机场控制区，必须佩带机场控制区通行证并接受警卫人员的检查。

机场控制区通行证，由民航公安机关按照国务院民用航空主管部门的有关规定制发和管理。

第十四条 在航空器活动区和维修区内的人员、车辆必须按照规定路线行进，车辆、设备必须在指定位置停放，一切人员、车辆必须避让航空器。

第十五条 停放在机场的民用航空器必须有专人警卫；各有关部门及其工作人员必须严格执行航空器警卫交接制度。

第十六条 机场内禁止下列行为：
（一）攀（钻）越、损毁机场防护围栏及其他安全防护设施；
（二）在机场控制区内狩猎、放牧、晾晒谷物、教练驾驶车辆；
（三）无机场控制区通行证进入机场控制区；
（四）随意穿越航空器跑道、滑行道；
（五）强行登、占航空器；
（六）谎报险情，制造混乱；
（七）扰乱机场秩序的其他行为。

第三章 民用航空营运的安全保卫

第十七条 承运人及其代理人出售客票，必须符合国务院民用航空主管部门的有关规定；对不符合规定的，不得售予客票。

第十八条 承运人办理承运手续时，必须核对乘机人和行李。

第十九条 旅客登机时，承运人必须核对旅客人数。

对已经办理登机手续而未登机的旅客的行李,不得装入或者留在航空器内。

旅客在航空器飞行中途中止旅行时,必须将其行李卸下。

第二十条 承运人对承运的行李、货物,在地面存储和运输期间,必须有专人监管。

第二十一条 配制、装载供应品的单位对装入航空器的供应品,必须保证其安全性。

第二十二条 航空器在飞行中的安全保卫工作由机长统一负责。

航空安全员在机长领导下,承担安全保卫的具体工作。

机长、航空安全员和机组其他成员,应当严格履行职责,保护民用航空器及其所载人员和财产的安全。

第二十三条 机长在执行职务时,可以行使下列权力:

(一)在航空器起飞前,发现有关方面对航空器未采取本条例规定的安全措施的,拒绝起飞;

(二)在航空器飞行中,对扰乱航空器内秩序,干扰机组人员正常工作而不听劝阻的人,采取必要的管束措施;

(三)在航空器飞行中,对劫持、破坏航空器或者其他危及安全的行为,采取必要的措施;

(四)在航空器飞行中遇到特殊情况时,对航空器的处置作最后决定。

第二十四条 禁止下列扰乱民用航空营运秩序和行为:

(一)倒卖购票证件、客票和航空运输企业的有效订座凭证;

(二)冒用他人身份证件购票、登机;

(三)利用客票交运或者捎带非旅客本人的行李物品;

(四)将未经安全检查或者采取其他安全措施的物品装入航空器。

第二十五条 航空器内禁止下列行为:

(一)在禁烟区吸烟;

(二)抢占座位、行李舱(架);

(三)打架、酗酒、寻衅滋事;

(四)盗窃、故意损坏或者擅自移动救生物品和设备;

(五)危及飞行安全和扰乱航空器内秩序的其他行为。

第四章 安 全 检 查

第二十六条 乘坐民用航空器的旅客和其他人员及其携带的行李物品,必须接受安全检查;但是,国务院规定免检的除外。

拒绝接受安全检查的,不准登机,损失自行承担。

第二十七条 安全检查人员应当查验旅客客票、身份证件和登机牌,使用仪器或者手工对旅客及其行李物品进行安全检查,必要时可以从严检查。

已经安全检查的旅客应当在候机隔离区等待登机。

第二十八条 进入候机隔离区的工作人员(包括机组人员)及其携带的物品,应当接受安全检查。

接送旅客的人员和其他人员不得进入候机隔离区。

第二十九条 外交邮袋免予安全检查。外交信使及其随身携带的其他物品应当接受安全检查；但是，中华人民共和国缔结或者参加的国际条约另有规定的除外。

第三十条 空运的货物必须经过安全检查或者对其采取的其他安全措施。

货物托运人不得伪报品名托运或者在货物中夹带危险物品。

第三十一条 航空邮件必须经过安全检查。发现可疑邮件时，安全检查部门应当会同邮政部门开包检验处理。

第三十二条 除国务院另有规定的外，乘坐民用航空器的，禁止随身携带或者交运下列物品：

（一）枪支、弹药、军械、警械；

（二）管制刀具；

（三）易燃、易爆、有毒、腐蚀性、放射性物品；

（四）国家规定的其他禁运物品。

第三十三条 除本条例第三十二条规定的物品外，其他可以用于危害航空安全的物品，旅客不得随身携带，但是可以作为行李交运或者按照国务院民用航空主管部门有关规定由机组人员带到目的地后交还。

对含有易燃物质的生活用品实行限量携带。限量携带的物品及其数量，由国务院民用航空主管部门规定。

第五章 罚 则

第三十四条 违反本条例第十四条的规定或者有本条例第十六条、第二十四条第一项、第二十五条所列行为，构成违反治安管理行为的，由民航公安机关依照《中华人民共和国治安管理处罚法》有关规定予以处罚；有本条例第二十四条第二项所列行为的，由民航公安机关依照《中华人民共和国居民身份证法》有关规定予以处罚。

第三十五条 违反本条例的有关规定，由民航公安机关按照下列规定予以处罚：

（一）有本条例第二十四条第四项所列行为的，可以处以警告或者 3000 元以下的罚款；

（二）有本条例第二十四条第三项所列行为的，可以处以警告、没收非法所得或者 5000 元以下罚款；

（三）违反本条例第三十条第二款、第三十二条的规定，尚未构成犯罪的，可以处以 5000 元以下罚款、没收或者扣留非法携带的物品。

第三十六条 违反本条例的规定，有下列情形之一的，民用航空主管部门可以对有关单位处以警告、停业整顿或者 5 万元以下的罚款；民航公安机关可以对直接责任人员处以警告或者 500 元以下的罚款：

（一）违反本条例第十五条的规定，造成航空器失控的；

（二）违反本条例第十七条的规定，出售客票的；

（三）违反本条例第十八条的规定，承运人办理承运手续时，不核对乘机人和行李的；

（四）违反本条例第十九条的规定的；

（五）违反本条例第二十条、第二十一条、第三十条第一款、第三十一条的规定，对收运、装入航空器的物品不采取安全措施的。

第三十七条 违反本条例的有关规定，构成犯罪的，依法追究刑事责任。

第三十八条 违反本条例规定的，除依照本章的规定予以处罚外，给单位或者个人造成财产损失的，应当依法承担赔偿责任。

第六章 附 则

第三十九条 本条例下列用语的含义：

"机场控制区"，是指根据安全需要在机场内划定的进出受到限制的区域。

"候机隔离区"，是指根据安全需要在候机楼（室）内划定的供已经安全检查的出港旅客等待登机的区域及登机通道、摆渡车。

"航空器活动区"，是指机场内用于航空器起飞、着陆以及与此有关的地面活动区域，包括跑道、滑行道、联络道、客机坪。

第四十条 本条例自发布之日起施行。

3. 民用机场管理条例

（中华人民共和国国务院令
第 553 号）

《民用机场管理条例》已经 2009 年 4 月 1 日国务院第 55 次常务会议通过，现予公布，自 2009 年 7 月 1 日起施行。

总理 温家宝
二〇〇九年四月十三日

第一章 总 则

第一条 为了规范民用机场的建设与管理，积极、稳步推进民用机场发展，保障民用机场安全和有序运营，维护有关当事人的合法权益，依据《中华人民共和国民用航空法》，制定本条例。

第二条 本条例适用于中华人民共和国境内民用机场的规划、建设、使用、管理及其相关活动。

民用机场分为运输机场和通用机场。

第三条 民用机场是公共基础设施。各级人民政府应当采取必要的措施，鼓励、支持民用机场发展，提高民用机场的管理水平。

第四条 国务院民用航空主管部门依法对全国民用机场实施行业监督管理。地区民用航空管理机构依法对辖区内民用机场实施行业监督管理。

有关地方人民政府依法对民用机场实施监督管理。

第五条 全国民用机场布局规划应当根据国民经济和社会发展需求以及国防要求编

制，并与综合交通发展规划、土地利用总体规划、城乡规划相衔接，严格控制建设用地规模，节约集约用地，保护生态环境。

第二章 民用机场的建设和使用

第六条 新建运输机场的场址应当符合国务院民用航空主管部门规定的条件。

运输机场所在地有关地方人民政府应当将运输机场场址纳入土地利用总体规划和城乡规划统筹安排，并对场址实施保护。

第七条 运输机场的新建、改建和扩建应当依照国家有关规定办理建设项目审批、核准手续。

第八条 运输机场总体规划由运输机场建设项目法人编制，并经国务院民用航空主管部门或者地区民用航空管理机构（以下统称民用航空管理部门）批准后方可实施。

飞行区指标为4E以上（含4E）的运输机场的总体规划，由国务院民用航空主管部门批准；飞行区指标为4D以下（含4D）的运输机场的总体规划，由所在地地区民用航空管理机构批准。民用航空管理部门审批运输机场总体规划，应当征求运输机场所在地有关地方人民政府意见。

运输机场建设项目法人编制运输机场总体规划，应当征求有关军事机关意见。

第九条 运输机场所在地有关地方人民政府应当将运输机场总体规划纳入城乡规划，并根据运输机场的运营和发展需要，对运输机场周边地区的土地利用和建设实行规划控制。

第十条 运输机场内的建设项目应当符合运输机场总体规划。任何单位和个人不得在运输机场内擅自新建、改建、扩建建筑物或者构筑物。

第十一条 运输机场新建、改建和扩建项目的安全设施应当与主体工程同时设计、同时施工、同时验收、同时投入使用。安全设施投资应当纳入建设项目概算。

第十二条 运输机场内的供水、供电、供气、通信、道路等基础设施由机场建设项目法人负责建设；运输机场外的供水、供电、供气、通信、道路等基础设施由运输机场所在地地方人民政府统一规划，统筹建设。

第十三条 运输机场专业工程的设计应当符合国家有关标准，并经民用航空管理部门批准。

飞行区指标为4E以上（含4E）的运输机场专业工程的设计，由国务院民用航空主管部门批准；飞行区指标为4D以下（含4D）的运输机场专业工程的设计，由运输机场所在地地区民用航空管理机构批准。

运输机场专业工程经民用航空管理部门验收合格后，方可投入使用。

运输机场专业工程目录由国务院民用航空主管部门会同国务院建设主管部门制定并公布。

第十四条 通用机场的规划、建设按照国家有关规定执行。

第十五条 运输机场的安全和运营管理由依法组建的或者受委托的具有法人资格的机构（以下简称机场管理机构）负责。

第十六条 运输机场投入使用应当具备下列条件：

（一）有健全的安全运营管理体系、组织机构和管理制度；

（二）有与其运营业务相适应的飞行区、航站区、工作区以及空中交通服务、航行情报、通信导航监视、气象等相关设施、设备和人员；

（三）使用空域、飞行程序和运行标准已经批准；

（四）符合国家规定的民用航空安全保卫条件；

（五）有处理突发事件的应急预案及相应的设施、设备。

第十七条　运输机场投入使用的，机场管理机构应当向国务院民用航空主管部门提出申请，并附送符合本条例第十六条规定条件的相关材料。

国务院民用航空主管部门应当自受理申请之日起 45 个工作日内审查完毕，作出准予许可或者不予许可的决定。准予许可的，颁发运输机场使用许可证；不予许可的，应当书面通知申请人并说明理由。

第十八条　通用机场投入使用应当具备下列条件：

（一）有与运营业务相适应的飞行场地；

（二）有保证飞行安全的空中交通服务、通信导航监视等设施和设备；

（三）有健全的安全管理制度、符合国家规定的民用航空安全保卫条件以及处理突发事件的应急预案；

（四）配备必要的管理人员和专业技术人员。

第十九条　通用机场投入使用的，通用机场的管理者应当向通用机场所在地地区民用航空管理机构提出申请，并附送符合本条例第十八条规定条件的相关材料。

地区民用航空管理机构应当自受理申请之日起 30 个工作日内审查完毕，作出准予许可或者不予许可的决定。准予许可的，颁发通用机场使用许可证；不予许可的，应当书面通知申请人并说明理由。

第二十条　运输机场作为国际机场使用的，应当按照国家有关规定设立口岸查验机构，配备相应的人员、场地和设施，并经国务院有关部门验收合格。

国际机场的开放使用，由国务院民用航空主管部门对外公告；国际机场资料由国务院民用航空主管部门统一对外提供。

第二十一条　机场管理机构应当按照运输机场使用许可证规定的范围开放使用运输机场，不得擅自关闭。

运输机场因故不能保障民用航空器运行安全，需要临时关闭的，机场管理机构应当及时通知有关空中交通管理部门并及时向社会公告。空中交通管理部门应当按照相关规定发布航行通告。

机场管理机构拟关闭运输机场的，应当提前 45 日报颁发运输机场使用许可证的机关，经批准后方可关闭，并向社会公告。

第二十二条　运输机场的命名或者更名应当符合国家有关法律、行政法规的规定。

第二十三条　运输机场废弃或者改作他用的，机场管理机构应当按照国家有关规定办理报批手续，并及时向社会公告。

第三章　民用机场安全和运营管理

第二十四条　民用航空管理部门、有关地方人民政府应当加强对运输机场安全运营工作的领导，督促机场管理机构依法履行安全管理职责，协调、解决运输机场安全运营中的问题。

第二十五条 民用航空管理部门、有关地方人民政府应当按照国家规定制定运输机场突发事件的应急预案。

第二十六条 机场管理机构应当根据运输机场突发事件应急预案组织运输机场应急救援的演练和人员培训。

机场管理机构、航空运输企业以及其他驻场单位应当配备必要的应急救援设备和器材，并加强日常管理。

第二十七条 机场管理机构应当依照国家有关法律、法规和技术标准的规定，保证运输机场持续符合安全运营要求。运输机场不符合安全运营要求的，机场管理机构应当按照国家有关规定及时改正。

第二十八条 机场管理机构对运输机场的安全运营实施统一协调管理，负责建立健全机场安全运营责任制，组织制定机场安全运营规章制度，保障机场安全投入的有效实施，督促检查安全运营工作，及时消除安全事故隐患，依法报告生产安全事故。

航空运输企业及其他驻场单位应当按照各自的职责，共同保障运输机场的安全运营并承担相应的责任；发生影响运输机场安全运营情况的，应当立即报告机场管理机构。

第二十九条 机场管理机构、航空运输企业以及其他驻场单位应当定期对从业人员进行必要的安全运营培训，保证从业人员具备相关的知识和技能。

第三十条 民用机场专用设备应当符合国家规定的标准和相关技术规范，并经国务院民用航空主管部门认定的机构检验合格后，方可用于民用机场。

民用航空管理部门应当加强对民用机场专用设备的监督检查。

民用机场专用设备目录由国务院民用航空主管部门制定并公布。

第三十一条 在运输机场开放使用的情况下，不得在飞行区及与飞行区临近的航站区内进行施工。确需施工的，应当取得运输机场所在地地区民用航空管理机构的批准。

第三十二条 发生突发事件，运输机场所在地有关地方人民政府、民用航空管理部门、空中交通管理部门、机场管理机构等单位应当按照应急预案的要求及时、有效地开展应急救援。

第三十三条 机场管理机构统一协调、管理运输机场的生产运营，维护运输机场的正常秩序，为航空运输企业及其他驻场单位、旅客和货主提供公平、公正、便捷的服务。

机场管理机构与航空运输企业及其他驻场单位应当签订书面协议，明确各方在生产运营、机场管理过程中以及发生航班延误等情况时的权利和义务。

第三十四条 机场管理机构应当组织航空运输企业及其他驻场单位制定服务规范并向社会公布。

第三十五条 机场管理机构应当按照国家规定的标准配备候机、餐饮、停车、医疗急救等设施、设备，并提供相应的服务。

第三十六条 机场管理机构应当与航空运输企业、空中交通管理部门等单位建立信息共享机制，相互提供必要的生产运营信息，及时为旅客和货主提供准确的信息。

第三十七条 机场管理机构、航空运输企业以及其他驻场单位应当采取有效措施加强协调和配合，共同保证航班正常运行。

航班发生延误，机场管理机构应当及时协调航空运输企业及其他有关驻场单位共同做好旅客和货主服务，及时通告相关信息。航空运输企业及其代理人应当按照有关规定和服务承诺为旅客和货主提供相应的服务。

第三十八条 机场范围内的零售、餐饮、航空地面服务等经营性业务采取有偿转让经营权的方式经营的，机场管理机构应当按照国务院民用航空主管部门的规定与取得经营权的企业签订协议，明确服务标准、收费水平、安全规范和责任等事项。

对于采取有偿转让经营权的方式经营的业务，机场管理机构及其关联企业不得参与经营。

第三十九条 机场管理机构应当向民用航空管理部门报送运输机场规划、建设和生产运营的有关资料，接受民用航空管理部门的监督检查。

第四十条 民用航空管理部门和机场管理机构应当建立投诉受理制度，公布投诉受理单位和投诉方式。对于旅客和货主的投诉，民用航空管理部门或者机场管理机构应当自受理之日起10个工作日内作出书面答复。

第四十一条 在民用机场内从事航空燃油供应业务的企业，应当具备下列条件：

（一）取得成品油经营许可和危险化学品经营许可；

（二）有符合国家有关标准、与经营业务规模相适应的航空燃油供应设施、设备；

（三）有健全的航空燃油供应安全管理制度、油品检测和监控体系；

（四）有满足业务经营需要的专业技术和管理人员。

第四十二条 申请在民用机场内从事航空燃油供应业务的企业，应当向民用机场所在地地区民用航空管理机构提出申请，并附送符合本条例第四十一条规定条件的相关材料。

地区民用航空管理机构应当自受理申请之日起30个工作日内，作出准予许可或者不予许可的决定。准予许可的，颁发民用机场航空燃油供应安全运营许可证；不予许可的，应当书面通知申请人并说明理由。

第四十三条 航空燃油供应企业供应的航空燃油应当符合航空燃油适航标准。

第四十四条 民用机场航空燃油供应设施应当公平地提供给航空燃油供应企业使用。

第四十五条 运输机场航空燃油供应企业停止运输机场航空燃油供应业务的，应当提前90日告知运输机场所在地地区民用航空管理机构、机场管理机构和相关航空运输企业。

第四章　民用机场安全环境保护

第四十六条 民用机场所在地地区民用航空管理机构和有关地方人民政府，应当按照国家有关规定划定民用机场净空保护区域，并向社会公布。

第四十七条 县级以上地方人民政府审批民用机场净空保护区域内的建设项目，应当书面征求民用机场所在地地区民用航空管理机构的意见。

第四十八条 在民用机场净空保护区域内设置22万伏以上（含22万伏）的高压输电塔的，应当按照国务院民用航空主管部门的有关规定设置障碍灯或者标志，保持其正常状态，并向民用机场所在地地区民用航空管理机构、空中交通管理部门和机场管理机构提供有关资料。

第四十九条 禁止在民用机场净空保护区域内从事下列活动：

（一）排放大量烟雾、粉尘、火焰、废气等影响飞行安全的物质；

（二）修建靶场、强烈爆炸物仓库等影响飞行安全的建筑物或者其他设施；

（三）设置影响民用机场目视助航设施使用或者飞行员视线的灯光、标志或者物体；

（四）种植影响飞行安全或者影响民用机场助航设施使用的植物；

（五）放飞影响飞行安全的鸟类，升放无人驾驶的自由气球、系留气球和其他升空物体；

（六）焚烧产生大量烟雾的农作物秸秆、垃圾等物质，或者燃放烟花、焰火；

（七）在民用机场围界外 5 米范围内，搭建建筑物、种植树木，或者从事挖掘、堆积物体等影响民用机场运营安全的活动；

（八）国务院民用航空主管部门规定的其他影响民用机场净空保护的行为。

第五十条 在民用机场净空保护区域外从事本条例第四十九条所列活动的，不得影响民用机场净空保护。

第五十一条 禁止在距离航路两侧边界各 30 公里以内的地带修建对空射击的靶场和其他可能影响飞行安全的设施。

第五十二条 民用航空管理部门和机场管理机构应当加强对民用机场净空状况的核查。发现影响民用机场净空保护的情况，应当立即制止，并书面报告民用机场所在地县级以上地方人民政府。接到报告的县级以上地方人民政府应当及时采取有效措施，消除对飞行安全的影响。

第五十三条 民用机场所在地地方无线电管理机构应当会同地区民用航空管理机构按照国家无线电管理的有关规定和标准确定民用机场电磁环境保护区域，并向社会公布。

民用机场电磁环境保护区域包括设置在民用机场总体规划区域内的民用航空无线电台（站）电磁环境保护区域和民用机场飞行区电磁环境保护区域。

第五十四条 设置、使用地面民用航空无线电台（站），应当经民用航空管理部门审核后，按照国家无线电管理有关规定办理审批手续，领取无线电台执照。

第五十五条 在民用机场电磁环境保护区域内设置、使用非民用航空无线电台（站）的，无线电管理机构应当在征求民用机场所在地地区民用航空管理机构意见后，按照国家无线电管理的有关规定审批。

第五十六条 禁止在民用航空无线电台（站）电磁环境保护区域内，从事下列影响民用机场电磁环境的活动：

（一）修建架空高压输电线、架空金属线、铁路、公路、电力排灌站；

（二）存放金属堆积物；

（三）种植高大植物；

（四）从事掘土、采砂、采石等改变地形地貌的活动；

（五）国务院民用航空主管部门规定的其他影响民用机场电磁环境的行为。

第五十七条 任何单位或者个人使用的无线电台（站）和其他仪器、装置，不得对民用航空无线电专用频率的正常使用产生干扰。

第五十八条 民用航空无线电专用频率受到干扰时，机场管理机构和民用航空管理部门应当立即采取排查措施，及时消除；无法消除的，应当通报民用机场所在地方无线电管理机构。接到通报的无线电管理机构应当采取措施，依法查处。

第五十九条　在民用机场起降的民用航空器应当符合国家有关航空器噪声和涡轮发动机排出物的适航标准。

第六十条　机场管理机构应当会同航空运输企业、空中交通管理部门等有关单位，采取技术手段和管理措施控制民用航空器噪声对运输机场周边地区的影响。

第六十一条　民用机场所在地有关地方人民政府制定民用机场周边地区的土地利用总体规划和城乡规划，应当充分考虑民用航空器噪声对民用机场周边地区的影响，符合国家有关噪声环境质量标准。

机场管理机构应当将民用航空器噪声对运输机场周边地区产生影响的情况，报告有关地方人民政府国土资源、规划建设、环境保护等主管部门。

第六十二条　民用机场所在地有关地方人民政府应当在民用机场周边地区划定限制建设噪声敏感建筑物的区域并实施控制。确需在该区域内建设噪声敏感建筑物的，建设单位应当采取措施减轻或者避免民用航空器运行时对其产生的噪声影响。

民用机场所在地有关地方人民政府应当会同地区民用航空管理机构协调解决在民用机场起降的民用航空器噪声影响引发的相关问题。

第五章　法　律　责　任

第六十三条　违反本条例的规定，有下列情形之一的，由民用航空管理部门责令改正，处 10 万元以上 50 万元以下的罚款：

（一）在运输机场内进行不符合运输机场总体规划的建设活动；

（二）擅自实施未经批准的运输机场专业工程的设计，或者将未经验收合格的运输机场专业工程投入使用；

（三）在运输机场开放使用的情况下，未经批准在飞行区及与飞行区临近的航站区内进行施工。

第六十四条　违反本条例的规定，机场管理机构未按照运输机场使用许可证规定的范围使用运输机场的，由运输机场所在地地区民用航空管理机构责令改正，处 20 万元以上 100 万元以下的罚款。

第六十五条　违反本条例的规定，机场管理机构未经批准擅自关闭运输机场的，由运输机场所在地地区民用航空管理机构责令改正，处 10 万元以上 50 万元以下的罚款。

第六十六条　违反本条例的规定，机场管理机构因故不能保障民用航空器飞行安全，临时关闭运输机场，未及时通知有关空中交通管理部门并及时向社会公告，或者经批准关闭运输机场后未及时向社会公告的，由运输机场所在地地区民用航空管理机构责令改正，处 2 万元以上 10 万元以下的罚款。

第六十七条　违反本条例的规定，机场管理机构未按照应急预案的要求进行应急救援演练或者未配备必要的应急救援设备和器材的，由地区民用航空管理机构责令改正，处 1 万元以上 5 万元以下的罚款。

第六十八条　违反本条例的规定，运输机场投入使用后不符合安全运营要求，机场管理机构拒不改正，或者经改正仍不符合安全运营要求的，由民用航空管理部门作出限制使用的决定；情节严重的，吊销运输机场使用许可证。

第六十九条 机场管理机构未依照本条例的规定履行管理职责，造成运输机场地面事故、民用航空器飞行事故或者严重事故征候的，民用航空管理部门应当责令改正，处 20 万元以上 100 万元以下的罚款。

第七十条 违反本条例的规定，机场管理机构在运输机场内使用不符合国家规定标准和相关技术规范的民用机场专用设备的，由运输机场所在地地区民用航空管理机构责令停止使用，处 10 万元以上 50 万元以下的罚款。

第七十一条 违反本条例的规定，发生突发事件，机场管理机构、空中交通管理部门等单位未按照应急预案的要求及时、有效开展应急救援的，由地区民用航空管理机构责令改正，处 10 万元以上 50 万元以下的罚款。

第七十二条 违反本条例的规定，未取得民用机场航空燃油供应安全运营许可证，在民用机场内从事航空燃油供应业务的，由民用机场所在地地区民用航空管理机构责令改正，处 20 万元以上 100 万元以下的罚款；有违法所得的，没收违法所得。

第七十三条 违反本条例的规定，航空燃油供应企业供应的航空燃油不符合航空燃油适航标准的，由民用机场所在地地区民用航空管理机构责令改正，处 20 万元以上 100 万元以下的罚款；情节严重的，吊销民用机场航空燃油供应安全运营许可证。

第七十四条 违反本条例的规定，运输机场航空燃油供应企业停止运输机场航空燃油供应业务，未提前 90 日告知地区民用航空管理机构、机场管理机构和相关航空运输企业的，由运输机场所在地地区民用航空管理机构处 5 万元以上 25 万元以下的罚款。

第七十五条 违反本条例的规定，有下列情形之一的，由地区民用航空管理机构责令改正，处 2 万元以上 10 万元以下的罚款：

（一）机场管理机构不按照国家规定的标准配备候机、餐饮、停车、医疗急救等设施、设备，并提供相应的服务；

（二）航班发生延误时，机场管理机构、航空运输企业以及其他驻场单位不按照有关规定和服务承诺为旅客和货主提供相应的服务。

第七十六条 违反本条例的规定，机场管理机构及其关联企业参与经营采取有偿转让经营权的方式经营的业务的，由地区民用航空管理机构责令改正，处 10 万元以上 50 万元以下的罚款；有违法所得的，没收违法所得。

第七十七条 违反本条例的规定，机场管理机构未向民用航空管理部门报送运输机场规划、建设和生产运营的有关资料的，由民用航空管理部门责令改正；拒不改正的，处 1 万元以上 5 万元以下的罚款。

第七十八条 违反本条例的规定，在民用机场净空保护区域内设置 22 万伏以上（含22万伏）的高压输电塔，未依照国务院民用航空主管部门的有关规定设置障碍灯或者标志的，由民用机场所在地地区民用航空管理机构责令改正，处 10 万元以上 50 万元以下的罚款。

第七十九条 违反本条例的规定，有下列情形之一的，由民用机场所在地县级以上地方人民政府责令改正；情节严重的，处 2 万元以上 10 万元以下的罚款：

（一）排放大量烟雾、粉尘、火焰、废气等影响飞行安全的物质；
（二）修建靶场、强烈爆炸物仓库等影响飞行安全的建筑物或者其他设施；
（三）设置影响民用机场目视助航设施使用或者飞行员视线的灯光、标志或者物体；
（四）种植影响飞行安全或者影响民用机场助航设施使用的植物；
（五）放飞影响飞行安全的鸟类、升放无人驾驶的自由气球、系留气球和其他升空物体；
（六）焚烧产生大量烟雾的农作物秸秆、垃圾等物质，或者燃放烟花、焰火；
（七）在民用机场围界外5米范围内，搭建建筑物、种植树木，或者从事挖掘、堆积物体等影响民用机场运营安全的活动；
（八）国务院民用航空主管部门规定的其他影响民用机场净空保护的行为。

第八十条 违反本条例的规定，使用的无线电台（站）或者其他仪器、装置，对民用航空无线电专用频率的正常使用产生干扰的，由民用机场所在地无线电管理机构责令改正；情节严重的，处2万元以上10万元以下的罚款。

第八十一条 违反本条例的规定，在民用航空无线电台（站）电磁环境保护区域内从事下列活动的，由民用机场所在地县级以上地方人民政府责令改正；情节严重的，处2万元以上10万元以下的罚款：
（一）修建架空高压输电线、架空金属线、铁路、公路、电力排灌站；
（二）存放金属堆积物；
（三）从事掘土、采砂、采石等改变地形地貌的活动；
（四）国务院民用航空主管部门规定的其他影响民用机场电磁环境保护的行为。

第八十二条 违反本条例的规定，在民用机场起降的民用航空器不符合国家有关航空器噪声和涡轮发动机排出物的适航标准的，由民用航空管理部门责令相关航空运输企业改正，可以处10万元以下的罚款；拒不改正的，处10万元以上50万元以下的罚款。

第八十三条 国家工作人员违反本条例的规定，有下列情形之一的，由有关部门依法给予处分：
（一）不依照规定实施行政许可；
（二）不依法履行监督检查职责；
（三）不依法实施行政强制措施或者行政处罚；
（四）滥用职权、玩忽职守的其他行为。

第六章 附 则

第八十四条 本条例所称运输机场是指为从事旅客、货物运输等公共航空运输活动的民用航空器提供起飞、降落等服务的机场。

本条例所称通用机场是指为从事工业、农业、林业、渔业和建筑业的作业飞行，以及医疗卫生、抢险救灾、气象探测、海洋监测、科学实验、教育训练、文化体育等飞行活动的民用航空器提供起飞、降落等服务的机场。

第八十五条 本条例所称飞行区指标为4D的运输机场是指可供基准飞行场地长度大于1800米、翼展在36米至52米之间、主起落架外轮外侧边间距在9米至14米之间的民用航空器起飞、降落的机场。

本条例所称飞行区指标为 4E 的运输机场是指可供基准飞行场地长度大于 1800 米、翼展在 52 米至 65 米之间、主起落架外轮外侧边间距在 9 米至 14 米之间的民用航空器起飞、降落的机场。

第八十六条　军民合用机场民用部分的管理除遵守本条例的有关规定外，还应当遵守国务院、中央军事委员会的有关规定。

第八十七条　本条例自 2009 年 7 月 1 日起施行。

4. 搜寻援救民用航空器规定

(1992 年 12 月 28 日　民航总局令第 29 号)

总　则

第一条　为了及时有效地搜寻援救遇到紧急情况的民用航空器，避免或者减少人员伤亡和财产损失，制定本规定。

第二条　本规定适用于中华人民共和国领域内以及中华人民共和国缔结或者参加的国际条约规定由中国承担搜寻援救工作的公海区域内搜寻援救民用航空器的活动。

第三条　海上搜寻援救民用航空器，除适用本规定外，并应当遵守国务院有关海上搜寻援救的规定。

第四条　搜寻援救民用航空器按照下列规定分工负责：

（一）中国民用航空局（以下简称民航局）负责统一指导全国范围的搜寻援救民用航空器的工作；

（二）省、自治区、直辖市人民政府负责本行政区域内陆地搜寻援救民用航空器的工作，民用航空地区管理局（以下简称地区管理局）予以协助；

（三）国家海上搜寻援救组织负责海上搜寻援救民用航空器工作，有关部门予以配合。

第五条　民航局搜寻援救协调中心和地区管理局搜寻援救协调中心承担陆上搜寻援救民用航空器的协调工作。

第六条　中华人民共和国领域内以及中华人民共和国缔结或者参加的国际条约规定由中国承担搜寻援救工作的公海区域内为中华人民共和国民用航空搜寻援救区，该区域内划分若干地区民用航空搜寻援救区，具体地区划分范围由民航局公布。

第七条　使用航空器执行搜寻援救任务，以民用航空力量为主，民用航空搜寻援救力量不足的，由军队派出航空器给予支援。

第八条　为执行搜寻援救民用航空器的紧急任务，有关地方、部门、单位和人员必须积极行动，互相配合，努力完成任务；对执行搜寻援救任务成绩突出的单位和个人，由其上级机关给予奖励。

第二章 搜寻援救的准备

第九条 各地区管理局应当拟定在陆上使用航空器搜寻援救民用航空器的方案,经民航局批准后,报有关省、自治区、直辖市人民政府备案。

第十条 沿海省、自治区、直辖市海上搜寻援救组织,应当拟定在海上使用船舶、航空器搜寻援救民用航空器的方案,经国家海上搜寻援救组织批准后,报省、自治区、直辖市人民政府和民航局备案,同时抄送有关地区管理局。

第十一条 搜寻援救民用航空器方案应当包括下列内容:

(一)使用航空器、船舶执行搜寻援救任务的单位,航空器、船舶的类型,以及日常准备工作的规定;

(二)航空器使用的机场和船舶使用的港口,担任搜寻援救的区域和有关保障工作方面的规定;

(三)执行海上搜寻援救任务的船舶、航空器协同配合方面的规定;

(四)民用航空搜寻援救力量不足的,商请当地驻军派出航空器、舰艇支援的规定。

第十二条 地区管理局和沿海省、自治区、直辖市海上搜寻援救组织应当按照批准的方案定期组织演习。

第十三条 搜寻援救民用航空器的通信联络,应当符合下列规定:

(一)民用航空空中交通管制单位和担任搜寻援救任务的航空器,应当配备121.5兆赫航空紧急频率的通信设备,并逐步配备243兆赫航空紧急频率的通信设备;

(二)担任海上搜寻援救任务的航空器,应当配备2182千赫海上遇险频率的通信设备;

(三)担任搜寻援救任务的部分航空器,应当配备能够向遇险民用航空器所发出的航空器紧急示位信标归航设备,以及在156.8兆赫(调频)频率上同搜寻援救船舶联络的通信设备。

第十四条 地区管理局搜寻援救协调中心应当同有关省、自治区、直辖市海上搜寻援救组织建立直接的通信联络。

第十五条 向遇险待救人员空投救生物品,由执行搜寻援救任务的单位按照下列规定负责准备:

(一)药物和急救物品为红色;

(二)食品和水为蓝色;

(三)防护服装和毯子为黄色;

(四)其他物品为黑色;

(五)一个容器或者包装内,装有上述多种物品时为混合色。

每一容器或者包装内,应当装有用汉语、英语和另选一种语言的救生物品使用说明。

第三章 搜寻援救的实施

第十六条 发现或者收听到民用航空器遇到紧急情况的单位或者个人,应当立即通知有关地区管理局搜寻援救协调中心；发现失事的民用航空器，其位置在陆地的，并应当同时通知当地政府；其位置在海上的，并应当同时通知当地海上搜寻援救组织。

第十七条 地区管理局搜寻援救协调中心收到民用航空器紧急情况的信息后，必须立即做出判断，分别按照本规定第十九条、第二十条、第二十一条的规定，采取搜寻援救措施，并及时向民航局搜寻援救协调中心以及有关单位报告或者通报。

第十八条 本规定所指民用航空器的紧急情况分为以下三个阶段：

（一）情况不明阶段是指民用航空器的安全出现下列令人疑虑的情况：

1. 空中交通管制部门在规定的时间内同民用航空器没有取得联络；

2. 民用航空器在规定的时间内没有降落，并且没有其他信息。

（二）告警阶段是指民用航空器的安全出现下列令人担忧的情况：

1. 对情况不明阶段的民用航空器，仍然不能同其沟通联络；

2. 民用航空器的飞行能力受到损害，但是尚未达到迫降的程度；

3. 与已经允许降落的民用航空器失去通信联络，并且该民用航空器在预计降落时间后五分钟内没有降落。

（三）遇险阶段是指确信民用航空器遇到下列紧急和严重危险，需要立即进行援救的情况：

1. 根据油量计算，告警阶段的民用航空器难以继续飞行；

2. 民用航空器的飞行能力受到严重损害，达到迫降程度；

3. 民用航空器已经迫降或者坠毁。

第十九条 对情况不明阶段的民用航空器，地区管理局搜寻援救协调中心应当：

（一）根据具体情况，确定搜寻的区域；

（二）通知开放有关的航空电台、导航台、定向台和雷达等设施，搜寻掌握该民用航空器的空中位置；

（三）尽速同该民用航空器沟通联络，进行有针对性的处置。

第二十条 对告警阶段的民用航空器、地区管理局搜寻援救协调中心应当：

（一）立即向有关单位发出告警通知；

（二）要求担任搜寻援救任务的航空器、船舶立即进入待命执行任务状态；

（三）督促检查各种电子设施，对情况不明的民用航空器继续进行联络和搜寻；

（四）根据该民用航空器飞行能力受损情况和机长的意见，组织引导其在就近机场降落；

（五）会同接受降落的机场，迅速查明预计降落时间后五分钟内还没有降落的民用航空器的情况并进行处理。

第二十一条 对遇险阶段的民用航空器，地区管理局搜寻援救协调中心应当：

（一）立即向有关单位发出民用航空器遇险的通知；

（二）对燃油已尽，位置仍然不明的民用航空器，分析其可能遇险的区域，并通知搜寻援救单位派人或者派航空器、船舶，立即进行搜寻援救；

（三）对飞行能力受到严重损害、达到迫降程度的民用航空器，通知搜寻援救单位派航空器进行护航，或者根据预定迫降地点，派人或者派航空器、船舶前往援救；

（四）对已经迫降或者失事的民用航空器，其位置在陆地的，立即报告省、自治区、直辖市人民政府；其位置在海上的，立即通报沿海有关省、自治区、直辖市的海上搜寻援救组织。

第二十二条 省、自治区、直辖市人民政府或者沿海省、自治区、直辖市海上搜寻援救组织收到关于民用航空器迫降或者失事的报告或者通报后，应当立即组织有关方面和当地驻军进行搜寻援救，并指派现场负责人。

第二十三条 现场负责人的主要职责是：

（一）组织抢救幸存人员；

（二）对民用航空器采取措施防火、灭火；

（三）保护好民用航空器失事现场；为抢救人员或者灭火必须变动现场时，应当进行拍照或者录像；

（四）保护好失事的民用航空器及机上人员的财物。

第二十四条 指派的现场负责人未到达现场的，由第一个到达现场的援救单位的有关人员担任现场临时负责人，行使本规定第二十三条规定的职责，并负责向到达后的现场负责人移交工作。

第二十五条 对处于紧急情况下的民用航空器，地区管理局搜寻援救协调中心应当设法将已经采取的援救措施通报该民用航空器机组。

第二十六条 执行搜寻援救任务的航空器与船舶、遇险待救人员，搜寻援救工作组之间，应当使用无线电进行联络。条件不具备或者无线电联络失效的，应当依照本规定附录规定的国际通用的《搜寻援救的信号》进行联络。

第二十七条 民用航空器的紧急情况已经不存在或者可以结束搜寻援救工作的，地区管理局搜寻援救协调中心应当按照规定程序及时向有关单位发出解除紧急情况的通知。

第四章 罚 则

第二十八条 对违反本规定，有下列行为之一的人员，由其所在单位或者上级机关给予行政处分；构成犯罪的，依法追究刑事责任：

（一）不积极行动配合完成搜寻援救任务，造成重大损失的；

（二）不积极履行职责或者不服从指挥，致使损失加重的；

（三）玩忽职守，对民用航空器紧急情况判断、处置不当，贻误时机，造成损失的。

第五章 附 则

第二十九条 航空器执行搜寻援救任务所需经费，国家可以给予一定补贴。具体补贴办法由有关部门会同财政部门协商解决。

第三十条 本规定由民航局负责解释。

第三十一条 本规定自发布之日起施行。

5. 中国民用航空危险品运输管理规定（CCAR—276）

（中国民用航空总局令 121 号）

A 章 总 则

第 276.1 条 目的和依据

为了加强民用航空危险品运输管理，保障飞行安全，根据《中华人民共和国民用航空法》和《国务院对确需保留的行政审批项目设定行政许可的决定》（国务院令第 412 令），制定本规定。

第 276.3 条 适用范围 本规定适用于下列航空器的运行：

(a) 在中华人民共和国登记的民用航空器；

(b) 在中华人民共和国境内运行的外国民用航空器。

第 276.5 条 定义

本规定中用语的含义在附录 A 中规定。

第 276.7 条 基本要求

(a) 使用民用航空器（以下简称航空器）载运危险品的运营人，应先行取得局方的危险品航空运输许可。

(b) 实施危险品航空运输应满足下列要求：

(1) 国际民用航空组织发布的现行有效的《危险品航空安全运输技术细则》（Doc 9284-AN/905），包括经国际民用航空组织理事会批准中国民用航空危险品运输管理规定（民航总局令第 121 号）和公布的补充材料和任何附录（以下简称技术细则）；

(2) 局方的危险品航空运输许可中的附加限制条件。

第 276.9 条 例外

(a) 本来可能被归类于危险品的某些物品和物质，但根据有关适航和运行规章要求，或因技术细则列明的其他特殊原因需要装上航空器时，不受本规定的限制。

(b) 对于航空器上载运的物质是用于替换或属于被替换的 (a) 中所述物品和物质时，除技术细则允许外，应当按本规定运输。

(c) 在技术细则规定范围内，旅客或机组成员携带的特定物品和物质不受本规定的限制。

第 276.11 条 管理机构

(a) 中国民用航空总局（以下简称民航总局）对本规定 276.3 条适用范围内的危险品航空运输活动实施监督管理；民航地区管理局依照授权，监督管理本辖区内的危险品航空运输活动。

(b) 局方应当根据管理权限，对危险品航空运输活动进行监督检查。

(c) 局方实施监督检查,不得妨碍被检查单位正常的生产经营活动,不得索取或者收受被许可人财物,不得谋取其他利益。

第 276.13 条　监督检查

(a) 从事航空运输活动的单位和个人应当接受局方关于危险品〔中国民用航空危险品运输管理规定（民航总局令第 121 号）〕航空运输方面的监督检查,以确定其是否符合本规定的要求。

(b) 局方可根据本条（a）款检查的结果或任何其他证据,确定该单位和个人是否适于继续从事相关航空运输活动;对违反本规定的行为,按本规定 N 章要求追究其法律责任。

B 章　危险品航空运输的限制

第 276.23 条　一般原则

除符合本规定和技术细则规定的规范和程序外,禁止危险品航空运输。

第 276.25 条　限制运输

除民航总局予以豁免或者按照技术细则规定经始发国批准允许运输的情况外,下列危险品禁止装上航空器：

(a) 技术细则中规定禁止在正常情况下运输的物品和物质；

(b) 被感染的活体动物。

第 276.27 条　禁止运输

技术细则中规定的在任何情况下禁止航空运输的物品和物质,任何航空器均不得载运。

第 276.29 条　豁免

有下列情形之一的,民航总局可针对本规定第 276.25 条给予豁免：

(a) 情况特别紧急；中国民用航空危险品运输管理规定（民航总局令第 121 号）

(b) 不适于使用其他运输方式；

(c) 公众利益需要。

第 276.31 条　航空邮件

(a) 除技术细则中另有规定外,不得通过航空邮件邮寄危险品或者在航空邮件内夹带危险品。

(b) 不得将危险品匿报或者谎报为普通物品作为航空邮件邮寄。

C 章　危险品航空运输的申请和许可

第 276.41 条　申请

(a) 危险品航空运输的申请人应当按规定的格式和方法提交申请书,申请书中应当包含局方要求申请人提交的所有内容。

(b) 民航地区管理局负责为申请人提供咨询信息,回答申请人提出的关于进行危险品航空运输应满足条件的相关问题,为申请人提供法规、规章和其他相应的规范性文件以及申请文件的标准格式。

(c) 申请危险品航空运输的国内运营人，应当在提交申请书的同时，提交下列文件：

(1) 拟运输危险品的类别和运行机场的说明；

(2) 危险品手册；

(3) 危险品训练大纲；

(4) 为实施危险品航空运输而进行的人员训练说明；

(5) 危险品事故应急救援方案；中国民用航空危险品运输管理规定（民航总局令第121号）

(6) 符合性声明；

(7) 局方要求的其他文件。

(d) 申请危险品航空运输的外国运营人，应当在提交申请书的同时，提交下列文件：

(1) 运营人所在国颁发的危险品航空运输许可文件；

(2) 拟运输危险品的类别和运行机场的说明；

(3) 运营人所在国认可的危险品手册或等效文件；

(4) 运营人所在国批准的危险品训练大纲或等效文件；

(5) 符合本规定第276.159条（b）款训练要求的说明；

(6) 局方要求的其他文件。

(e) 对于本条（d）款中所要求提交的许可、批准及豁免文件，如使用的是中文或英文以外的其他文字，应附带准确的中文或英文译本。

第276.43条　受理

申请人按照本规定第276.41条的要求准备其申请文件，向民航地区管理局提出正式申请。民航地区管理局应在五个工作日内作出是否受理申请的决定。如受理申请，对后续的审查工作作出安排；如不受理，应当书面通知申请人并说明理由。

第276.45条　审查

（a）文件审查

中国民用航空危险品运输管理规定（民航总局令第121号）民航地区管理局对申请人的危险品训练大纲、手册和相关文件进行详细审查，对危险品训练大纲进行初始批准，对危险品手册予以认可。

（b）验证检查

申请人按初始批准的训练大纲进行训练，按认可的危险品手册建立相关管理和操作程序；民航地区管理局对训练质量和相关程序进行验证检查，确保其符合本规定和技术细则的要求。

第276.47条　决定

（a）经过审定，确认申请人符合下列全部条件后，局方为申请人颁发危险品航空运输许可文件：

(1) 危险品训练大纲获得局方批准，危险品手册和相关文件获得局方的认可；

(2) 配备了合适的和足够的人员并按训练大纲完成训练；

(3) 按危险品手册建立了危险品航空运输管理和操作程序、应急方案；

(4) 有能力按本规定、技术细则和危险品手册实施运行。

(b) 审查不合格的，局方在作出不许可决定前，告知申请人可在 5 个工作日内申请听证；作出不许可决定后，书面告知申请人，说明理由，并告知其进行复议和诉讼的权利。

第 276.49 条　期限

局方受理危险品航空运输申请后，应当在二十个工作日内对申请人的申请材料进行审查并作出许可决定。需要进行专家评审时，评审时间不计入前述二十个工作日的期限，局方应将所需评审时间书面告知申请人。

第 276.51 条　许可的形式和内容

局方通过颁发运行规范或批准函的形式给予危险品航空运输许可，许可应包含下列内容：

(a) 说明该运营人应按本规定和技术细则的要求，在局方批准的运行范围内实施运行；

(b) 批准运输的危险品类别；

(c) 批准实施运行的机场；

(d) 许可的有效期及限制条件；

(e) 局方认为必需的其他项目。

第 276.53 条　许可的有效期

危险品航空运输许可有效期最长不超过两年。出现下列情形之一的，危险品航空运输许可失效：

(a) 运营人书面声明放弃；

(b) 局方撤销许可或中止该危险品航空运输许可的有效性；

(c) 运营人的运行合格证被暂扣、吊销或因其他原因而失效；

(d) 对于外国航空运营人，其所在国颁发的危险品航空运输许可失效。

第 276.55 条　许可的变更与延续

(a) 危险品航空运输被许可人要求变更许可事项的，应当向民航地区管理局提出申请；符合本规定要求的，局方应当依法办理变更手续。

(b) 危险品航空运输被许可人需要延续许可有效期的，应当在许可有效期满三十个工作日前向民航地区管理局提出申请；局方应在许可有效期满之前作出是否准予延续的决定；逾期未作决定的，视为准予延续。

D 章　危险品手册的要求

第 276.57 条　一般要求

(a) 运营人应制订危险品手册，并获得局方的认可；

(b) 危险品手册可以编入运营人运行手册或运营人操作和运输业务的其他手册；

(c) 运营人应当建立和使用适当的修订系统，以保持危险品手册的最新有效；

(d) 运营人应当在工作场所方便查阅处，为危险品航空运输有关人员提供其所熟悉的文字写成的危险品手册。

第 276.59 条　手册的内容

危险品手册至少应包括下列内容：

（a）运营人危险品航空运输的总政策；
（b）有关危险品航空运输管理和监督的机构和职责；
（c）危险品航空运输的技术要求及其操作程序；
（d）旅客和机组人员携带危险品的限制；
（e）危险品事件的报告程序；
（f）托运货物和旅客行李中隐含的危险品的预防；
（g）运营人使用自身航空器运输运营人物质的管理程序；
（h）人员的训练；
（i）通知机长的信息；
（j）应急程序；
（k）其他有关安全的资料或说明。

第 276.61 条　实施

运营人应采取所有必要措施，确保运营人及其代理人雇员在履行相关职责时，充分了解危险品手册中与其职责相关的内容，并确保危险品的操作和运输按照其危险品手册中规定的程序和指南实施。

第 276.63 条　局方通知

局方可通过书面通知要求运营人对危险品手册的相关内容、分发或修订做出调整。

E 章　危险品的运输准备

第 276.73 条　一般要求

航空运输的危险品应根据技术细则的规定进行分类和包装，提交正确填制的危险品航空运输文件。

第 276.75 条　包装容器

（a）航空运输的危险品应当使用优质包装容器，该包装容器应当构造严密，能够防止在正常的运输条件下由于温度、湿度或压力的变化，或由于振动而引起渗漏。

（b）包装容器应当与内装物相适宜，直接与危险品接触的包装容器不能与该危险品发生化学反应或其他反应。

（c）包装容器应当符合技术细则中有关材料和构造规格的要求。

（d）包装容器应当按照技术细则的规定进行测试。

（e）对用于盛装液体的包装容器，应当承受技术细则中所列明的压力而不渗漏。

（f）内包装应当进行固定或垫衬，控制其在外包装容器内的移动，以防止在正常航空运输条件下发生破损或渗漏。垫衬和吸附材料不得与内装物发生危险反应。

（g）包装容器应当在检查后证明其未受腐蚀或其他损坏时，方可再次使用。当包装容器再次使用时，应当采取一切必要措施防止随后装入的物品受到污染。

（h）如由于先前内装物的性质，未经彻底清洗的空包装容器可能造成危害时，应当将其严密封闭，并按其构成危害的情况加以处理。

（i）包装件外部不得粘附构成危害数量的危险物质。

第 276.77 条　标签

除技术细则另有规定外，危险品包装件应当贴上适当的标签，并且符合技术细则的规定。

第 276.79 条　标记

（a）除技术细则另有规定外，每一危险品包装件应当标明货物的运输专用名称。如有指定的联合国编号，则需标明此联合国编号以及技术细则中规定的其他相应标记。

（b）除技术细则另有规定外，每一按照技术细则的规格制作的包装容器，应当按照技术细则中有关的规定予以标明；不符合技术细则中有关包装规格的包装容器，不得在其上标明包装容器规格的标记。

第 276.81 条　标记使用的文字

国际运输时，除始发国要求的文字外，包装上的标记应加用英文。

F 章　托运人的责任

第 276.91 条　人员资格要求

托运人应当确保所有办理托运手续和签署危险品航空运输文件的人员已按本规定和技术细则要求接受相关危险品知识训练。

第 276.93 条　托运要求

（a）将危险品的包装件或合成包装件提交航空运输前，应当按照本规定和技术细则的规定，保证该危险品不是航空运输禁运的危险品，并正确地进行分类、包装、加标记、贴标签、提交正确填制的危险品航空运输文件。禁止以非危险品品名托运危险品。

（b）托运国家法律、法规限制运输的危险品，应当提供相应主管部门的有效证明。

第 276.95 条　危险品航空运输文件

（a）除技术细则另有规定外，凡将危险品提交航空运输的人应当向运营人提供正确填写并签字的危险品航空运输文件，文件中须包括技术细则所要求的内容。

（b）运输文件中应当有危险品托运人的签字声明，完整准确地列明交运的危险品货物的运输专用名称，表明危险品是按照技术细则的规定进行分类、包装、加标记和贴标签，并符合航空运输的条件。

第 276.97 条　使用的文字

国际运输时，除始发国要求的文字外，危险品航空运输文件应加用英文。

G 章　运营人的责任

第 276.107 条　货物收运

（a）运营人应当制订检查措施防止普通货物中隐含危险品。

（b）运营人接收危险品进行航空运输应当符合下列要求：

（1）除技术细则另有要求外，附有完整的危险品航空运输文件；

（2）按照技术细则的接收程序对包装件、合成包装件或盛装危险品的专用货箱进行过检查；

（3）确认危险品航空运输文件由托运人签字，并且签字人已按本规定的要求训练合格。

第 276.109 条　收运检查单

运营人应制订和使用收运检查单以协助遵守第 276.107 条的规定。

第 276.111 条　装载

装有危险品的包装件和合成包装件以及装有放射性物质的专用货箱应当按照技术细则的规定装载。

第 276.113 条　检查损坏或泄漏

(a) 装有危险品的包装件、合成包装件和装有放射性物质的专用货箱在装上航空器或装入集装器之前，应当检查是否有泄漏和破损的迹象。泄漏或破损的包装件、合成包装件或专用货箱不得装上航空器。

(b) 集装器未经检查并经证实其内装危险品无泄漏或无破损迹象之前不得装上航空器。

(c) 装上航空器的危险品的任何包装件如出现破损或泄漏，运营人应将此包装件从航空器上卸下，或安排由有关当局或机构卸下。在此之后应当保证该交运货物的其余部分状况良好并符合航空运输，并保证其他包装件未受污染。

(d) 装有危险品的包装件、合成包装件和装有放射性物质的专用货箱在卸下航空器或集装器时，应当检查是否有破损或泄漏的迹象。如发现破损或泄漏的迹象，则应当对航空器或集装器装载危险品的部位进行破损或污染的检查。

第 276.115 条　客舱或驾驶舱的装载限制

除技术细则规定允许的情况之外，危险品不得装载在驾驶舱或有旅客乘坐的航空器客舱内。

第 276.117 条　清除污染

(a) 当在航空器上发现由于危险品泄漏或破损造成任何有害污染时，应当立即进行清除。

(b) 受到放射性物质污染的航空器应当立即停止使用，在任何可接触表面上的辐射程度和非固着污染未符合技术细则规定的数值之前，不得重新使用。

第 276.119 条　分离和隔离

(a) 装有性质不相容危险品的包装件，不得在航空器上相邻放置或装在发生泄漏时可相互产生作用的位置上。

(b) 毒害品和感染性物质的包装件应根据技术细则的规定装载在航空器上。

(c) 装有放射性物质的包装件装载在航空器上时，应按照技术细则的规定将其与人员、活动物和未冲洗的胶卷分隔开。

第 276.121 条　危险品货物装载的固定

当符合本规定的危险品装上航空器时，运营人应当保护危险品不受损坏，应当将这些物品在航空器上加以固定以免在飞行中出现任何移动而改变包装件的指定方向。对装有放射性物质的包装件，应当充分固定以保证在任何时候都符合第 276.119 条（c）款规定的间隔要求。

第 276.123 条　仅限货机危险品的装载

除技术细则另有规定外，标有"仅限货机"标签的危险品包装件，其装载应当使机组人员或其他经授权的人员在飞行中能够看到和对其进行处理,并且在体积和重量允许的条件下将它与其他货物分开。

第 276.125 条　存储

运营人应确保收运危险品的存储符合下列要求:

(a) 国家法律、法规对相关危险品存储的要求;

(b) 技术细则中有关危险品存储、分离与隔离的要求。

第 276.127 条　文件保存

运营人应在载运危险品的飞行终止后,将危险品航空运输的相关文件保存十二个月以上。上述文件至少包括收运检查单、危险品航空运输文件、航空货运单和机长通知单。

H 章　信息的提供

第 276.133 条　向机长提供信息

装运危险品的航空器的运营人应当在航空器起飞前尽早向机长提供技术细则中规定的书面信息。

第 276.135 条　向机组成员提供信息与指示

运营人应当在运行手册中提供信息,使机组成员能履行其对危险品航空运输的职责,同时应当提供在出现涉及危险品的紧急情况时应采取行动的指南。

第 276.137 条　向旅客提供信息

运营人及机场当局应向旅客提供足够信息,告知有关技术细则规定禁止旅客带上航空器的危险品种类。

第 276.139 条　向托运人提供信息

在货物收运处,运营人及机场当局应当向托运人提供足够信息,告知危险品航空运输的相关要求和法律责任。

第 276.141 条　向其他人提供信息

与危险品航空运输有关的运营人、托运人或机场当局等其他机构应当向其人员提供信息,使其能履行与危险品航空运输有关的职责,同时应当提供在出现涉及危险品的紧急情况时应采取行动的指南。

第 276.143 条　机长向机场当局提供信息

如果在飞行中发生紧急情况,如情况许可,机长应当按照技术细则的规定尽快将机上载有危险品的信息通报有关空中交通管制部门,以便通知机场当局。

第 276.145 条　航空器发生事故或事故征候的信息

(a) 载运危险品货物的航空器发生事故,运营人应当尽快将机上危险品的信息提供给处理机载危险品的应急服务机构,该信息应与向机长提供的书面资料相同。

(b) 载运危险品货物的航空器发生事故征候,如有要求,运营人应尽快将机上危险品的信息提供给处理机载危险品的应急服务机构,该信息应与向机长提供的书面资料相同。

第 276.147 条　危险品事故或事件的信息

(a) 运营人应向局方和事故或事件发生地所在国报告任何危险品事故或事件。

(b) 初始报告可以用各种方式进行,但所有情况下都应尽快完成一份书面报告。

(c) 若适用,书面报告应当包括下列内容:

(1) 事故或事件发生日期;

(2) 事故或事件发生的地点、航班号和飞行日期;

(3) 有关货物的描述及货运单、邮袋、行李标签和机票等的号码;

(4) 已知的运输专用名称(包括技术名称)和联合国编号;

(5) 类别或项别以及次要危险性;

(6) 包装的类型和包装的规格标记;

(7) 涉及数量;

(8) 发货人或旅客的姓名和地址;

(9) 事故或事件的其他详细情况;

(10) 事故或事件的可疑原因;

(11) 采取的措施;

(12) 书面报告之前的其他报告情况;

(13) 报告人的姓名、职务、地址和联系电话。

(d) 相关文件的副本与照片应附在书面报告上。

I章 训 练

第276.155条 一般要求

(a) 无论运营人是否持有按本规定颁发的危险品航空运输许可文件,都应保证第276.159条中相关类别的人员训练合格。运营人应当:

(1) 制订符合技术细则要求的训练大纲,并按训练大纲进行训练;该训练大纲:

(ⅰ) 对于国内运营人,应符合本规定第276.157条的要求并获得局方的初始批准和最终批准;

(ⅱ) 对于外国运营人,应获得局方的认可。

(2) 根据训练大纲要求,提供实施训练所需的教材和考试题等资料,并使其保持现行有效。

(3) 提供合适的足够的教员,以实施所要求的训练。

(b) 危险品的托运人,包括包装人员和托运人的代理人应确保其人员按技术细则的要求训练合格。

(c) 下列机构应确保其人员按经局方批准的训练大纲训练合格:

(1) 代表运营人对货物进行接收、操作、装载、卸载、搬运或其他操作的代理机构;

(2) 驻地在机场,代表运营人从事旅客作业的代理机构;

(3) 驻地不在机场,代表运营人办理旅客乘机手续的代理机构;

(4) 运营人以外参与货物操作的机构;

(5) 机场当局对货物、邮件、旅客及其行李进行安全检查的机构。

(d) 为保证知识更新,应在二十四个日历月内完成复训;在要求进行训练的那个日历月之前一个或之后一个的日历月中完成了复训的人员,都被视为在所要求的那个日历月中完成了训练。

（e）负责每一段训练的每个教员或主管人员，在完成这些训练后，应当对被训练人员的知识水平做出合格证明。这种合格证明应当作为该人员训练记录的一部分。

第 276.157 条 训练大纲的制订要求

（a）训练大纲应根据各类人员的职责需要来制订，并且符合技术细则的要求。

（b）每种训练大纲应包括初始训练和定期复训两个类别，其中包含课程设置和考试要求。每一课程设置中应当列明所训练的内容、计划小时数和考试的相关要求等。

（c）每种训练大纲还应当包括下列内容：

（1）受训人员的进入条件及训练后应当达到的质量要求；

（2）将使用的训练机构、设施、设备的清单；

（3）所使用的教员的资格要求；

（4）若适用，运营人危险品手册的使用要求；

（5）国家相关的法律法规要求。

第 276.159 条 运营人及其代理人的训练要求

（a）除本条（b）款的规定外，下列各类人员未按经局方批准的危险品训练大纲进行训练或训练不合格，运营人不得安排其从事相关工作，该人员也不得接受运营人安排的相关工作：

（1）运营人及其代理人的危险品收运人员；

（2）运营人及其代理人从事货物及行李地面操作、存储及装载的人员；

（3）旅客作业人员和负责对货物、邮件、旅客及其行李进行安全检查的人员；

（4）飞行机组和配载员；

（5）飞行机组以外的其他机组成员；

（6）运营人及其代理人除第（1）项以外的货物收运人员。

（b）外国运营人应确保其在中华人民共和国境内从事航空运输活动的上述人员按下列要求训练合格：

（1）运营人所在国批准的训练大纲；或

（2）局方批准的训练大纲。

（c）按局方批准的训练大纲训练合格的人员，可为不同运营人代理（a）款中同一类别人员的工作，但运营人应确保其符合以下条件：

（1）在同等职责范围内，其训练水平足以胜任指定的工作；

（2）遵守运营人危险品手册要求。

第 276.161 条 训练大纲及其修订的批准

（a）申请训练大纲及其修订的初始批准和最终批准时，运营人或相关机构应当向局方提交按本规定第 276.157 条制订或修订的训练大纲，并提供局方要求的有关资料。

（b）对于符合本章要求的训练大纲或其修订，局方以书面形式发出初始批准，运营人或相关机构即可依照该大纲进行训练。在训练中局方对该训练大纲的训练效果做出评估，指出应当予以纠正的缺陷。

（c）运营人或相关机构按照初始批准的训练大纲所进行的训练，能使每个受训人员获得充分的训练，完成其指定任务的，局方可为其颁发该训练大纲或其修订的最终批准。

(d) 当局方认为，为了使已经获得最终批准的训练大纲继续保持良好训练效果，应当对其作某些修订时，则运营人或相关机构在接到局方的通知之后，应当对大纲进行相应的修改。运营人或相关机构在接到这种通知后三十日之内，可向局方提出重新考虑的请求。在对重新考虑的请求未做出决定的期间，该通知暂停生效。

第 276.163 条　训练记录

按本规定要求进行训练的人员应将训练记录保存三年，并随时供局方查阅。

J 章　保 安 要 求

第 276.175 条　保安

危险品托运人、运营人和涉及危险品航空运输的其他人员应遵守国家对危险品的保安规定，并采取适当措施防止危险品被盗或不正当使用而使人员或财产受到危害。

N 章　法 律 责 任

第 276.301 条　局方工作人员

局方工作人员违反行政许可法关于办理许可事项的有关规定，对不符合规定条件的申请人颁发危险品航空运输许可，或者对符合规定条件的申请人不予颁发危险品航空运输许可的，由其上级行政机关或者监察机关责令改正，对直接负责的主管人员和其他直接责任人员依法给予行政处分。

在办理危险品航空运输许可、实施监督检查的过程中，索取、收受他人财物或者谋取其他利益，构成犯罪的，依法追究刑事责任；尚不构成犯罪的，由其上级行政机关或者监察机关依法给予行政处分。

第 276.303 条　托运人

(a) 托运人违反本规定，交运危险品有任何下列情形之一的，由局方责令改正，并可处以警告或一千元以上一万元以下的罚款：

(1) 未按规定对危险品进行妥善包装；

(2) 未作相应分类、标记、标签，或者所作分类、标记、标签内容错误；

(3) 未填制、未如实填制或者未正确填制危险品航空运输文件。

(b) 在托运的普通货物中夹带危险品或者将危险品匿报、谎报为普通货物托运，由局方责令改正，并可处以警告和一万元以上三万元以下的罚款。

(c) 托运人有 (b) 款所述行为，构成犯罪的，依照刑法的有关规定，依法追究刑事责任。

第 276.305 条　运营人

(a) 运营人违反本规定，未取得危险品航空运输许可，擅自从事危险品航空运输，根据《中华人民共和国民用航空法》第一百九十四条规定，由局方没收违法所得，可以并处违法所得一倍以下的罚款。

(b) 运营人有 (a) 款行为，导致发生重大事故的，没收违法所得，判处罚金；并对直接负责的主管人员和其他直接责任人员依照刑法的有关规定追究刑事责任。

(c) 运营人违反本规定，收运危险品有下列情形之一的，由局方责令改正，可处警告或一千元以上三万元以下的罚款，暂扣运营人危险品航空运输许可一至六个月；情节严重的，可吊销运营人危险品航空运输许可：

（1）不认真检查危险品航空运输文件及相应有效证明造成误收、误运；
（2）未按规定收运、储存、装载和检查危险品包装件、合成包装件和专用货箱；
（3）不按规定提供相关信息或者文件；
（4）不按规定进行事故和事件报告；
（5）不按规定保留相关文件。

第 276.307 条　航空邮件

违反本规定，航空邮寄或者在航空邮件内夹带危险品，或者将危险品匿报、谎报为普通物品航空邮寄的，按国家有关规定处理。

第 276.309 条　训练

（a）运营人、托运人或第 276.155 条（c）款要求的相关机构不按规定对其人员进行危险品训练或者训练不符合本规定要求的，由局方责令改正，并可处以警告或一千元以上三万元以下的罚款。

（b）任何人员违反本规定训练要求从事相关航空运输活动的，由局方处以警告或一千元以下的罚款。

P 章　附　则

第 276.329 条　施行

本规定自 2004 年 9 月 1 日起施行。民航总局 1996 年 2 月 27 日发布的《中国民用航空危险品运输管理规定》同时废止。

附录 A　定　义

下列术语在本规定中使用时具有如下含义：

危险品：能对健康、安全、财产或环境构成危险，并在技术细则的危险品清单中列明和根据技术细则进行分类的物品或物质。

技术细则：是指国际民用航空组织发布的现行有效的《危险品航空安全运输技术细则》（Doc 9284-AN/905）的文件，包括经国际民用航空组织理事会决定批准和公布的补充材料和任何附录。

运营人：从事或提供航空器运行的人、组织或企业。

局方：指民航总局、民航地区管理局及其派出机构。

境内运行：本规定所指的境内运行包括航空器在中华人民共和国境内起飞、着陆和飞越的运行。

货机：除客机以外载运物品或物质的任何航空器。

客机：除机组成员以及其他执勤的运营人雇员、国家有关当局授权的代表或托运货物或其他货物的押运人外，载运任何人员的航空器。

托运货物：运营人一次从一个地址、一个托运人处接收的运往一个目的地地址交付给一个收货人的作为一批中的一件或多件的危险品包装件。

机长：由运营人或通用航空的所有人指定的在飞行中负有指挥职能并负责飞行安全操作的驾驶员。

机组成员：由运营人指定在飞行值勤期内在航空器上执行勤务的人员。

飞行机组成员：在飞行值勤期内对航空器运行负有必要责任并持有执照的机组成员。

危险品事故：与危险品航空运输有关联，造成致命或严重人身伤害或财产损失的事故。

危险品事件：不同于危险品事故，但与危险品航空运输有关联，不一定发生在航空器上，但造成人员受伤、财产损失、起火、破损、溢出、液体或放射性物质渗漏或包装未能保持完好的其他情况。任何与危险品航空运输有关并严重危及航空器或机上人员的事件也视为危险品事件。

例外：本规定对危险品的某一具体项目免除对其通常所适用的要求的规定。

豁免：民航总局给予免受本规定约束的许可。

不相容：对如果将其混合将会导致危险地释放热量或气体或产生腐蚀性物质的危险品性质的描述。

运营人物质（COMAT）：运营人拥有或使用的物质。

包装件：包装作业的完整产品，包括包装和准备运输的内装物。

合成包装件（overpack）：为便于作业和装载，一托运人将一个或多个包装件放入一个封闭物之中组成一个作业单元，此定义不包括集装器。

集装器（unit load device）：任何类型的货物集装箱、航空器集装箱、带网的航空器集装板或带网和棚的航空器集装板。

包装容器：具有容纳作用的容器和任何其他部件或材料。对于放射性物质，见技术细则第 2 部分 7.2 段。

重伤：人在事故中受伤并：

（a）自受伤之日起 7 天内需住院 48 小时以上；或

（b）造成任何骨折（手指、足趾或鼻部的简单骨折除外）；或

（c）裂伤引起严重出血，神经、肌肉或腱的损伤；或

（d）涉及内脏器官损伤；或

（e）二度或三度烧伤或影响全身面积 5% 以上的烧伤；或

（f）经核实曾暴露于感染性物质或有害的辐射。

始发国：货物最初在该国领土内装上航空器的国家。

运营人国家：运营人在该国有主要的业务场所，或者，如无此业务场所，有永久性居住地的国家。

联合国编号：联合国危险品运输专家委员会用于识别一种物质或一组特定的物质所指定的四位数字编码。

地面操作代理人：指代表运营人接收、操作、装卸、转运或以其他方式参与货物、旅客或行李作业服务的人。

配载员：就危险品而言，是指运营人所任命的负责以下一种或者多种职责的人员：

（a）指明危险品应当装在航空器上的位置；

（b）指明危险品与其他危险品、其他货物或者旅客在航空器上的必要间隔；

(c) 准备供机长使用的信息;
(d) 为机长提供危险品应急反应信息。

6. 民航乘务员国家职业标准

1. 职业概况

1.1 职业名称

民航乘务员。

1.2 职业定义

根据空中服务程序、规范以及客舱安全管理规则在飞机客舱内为旅客服务的人员。

1.3 职业等级

本职业共设四个等级,分别为:五级民航乘务员(国家职业资格五级)、四级民航乘务员(国家职业资格四级)、三级民航乘务员(国家职业资格三级)、二级民航乘务员(国家职业资格二级)。

1.4 职业环境

飞机客舱内、常温、高空。

1.5 职业能力特征

具有较强的表达能力和观察、分析、判断能力;具有一定的空间感和形体知觉、嗅觉;手指、手臂灵活,动作协调;身体无残疾,无重听,无口吃,无色盲、色弱,矫正视力在5.0以上;男性身高在1.74m以上,女性身高在1.64m以上;无犯罪和不良记录。

1.6 基本文化程度

高中毕业(或同等学历)。

1.7 培训要求

1.7.1 培训期限

全日制职业学校教育,根据其培养目标和教学计划确定。晋级培训期限:五级民航乘务员不少于300标准学时;四级民航乘务员不少于80标准学时;三级民航乘务员不少于80标准学时;二级民航乘务员不少于100标准学时。

1.7.2 培训教师

培训五级民航乘务员的教师应具有本职业三级及以上职业资格证书或相关专业中级及以上专业技术职务任职资格;培训四级民航乘务员的教师应具有本职业三级及以上职业资格证书或相关专业中级及以上专业技术职务任职资格;培训三级民航乘务员的教师应具有本职业二级职业资格证书(或三级职业资格证书3年以上)或相关专业高级专业技术职务任职资格;培训二级民航乘务员的教师应具有本职业二级职业资格证书3年以上或相关专业高级专业技术职务任职资格。

1.7.3 培训场地设备

应具有满足教学需要的培训教室、教学辅助设备;技能操作训练还应具备乘务训练模拟客舱、客舱应急设备,应急生存训练器材,舱门训练器,以及客舱服务用具和用品等。

1.8 鉴定要求

1.8.1 适用对象

从事或准备从事本职业的人员。

1.8.2 申报条件

——五级民航乘务员(具备以下条件之一者)

(1)经本职业五级正规培训达规定标准学时数,并取得《客舱乘务员训练合格证》。

(2)在本职业连续见习工作1年(含)以上。

——四级民航乘务员(具备以下条件之一者)

(1)取得本职业五级职业资格证书后,连续从事本职业工作2年以上,经本职业四级正规培训达规定标准学时数,并取得结业证书。

(2)取得本职业五级职业资格证书后,连续从事本职业工作4年以上。

(3)连续从事本职业工作6年以上。

(4)中专(含)以上本专业及大专(含)以上非本专业毕业生,连续从事本职业工作2年以上,经本职业四级正规培训达规定标准学时数,并取得培训合格证书。

——三级民航乘务员(具备以下条件之一者)

(1)取得本职业四级职业资格证书后,连续从事本职业工作3年以上,经本职业三级正规培训达规定标准学时数,并取得结业证书。

(2)取得本职业四级职业资格证书后,连续从事本职业工作5年以上。

(3)连续从事本职业工作10年以上。

(4)大专(含)以上本专业毕业生,连续从事本职业工作5年以上,经本职业三级正规培训达规定标准学时数,并取得培训合格证书。

——二级民航乘务员(具备以下条件之一者)

(1)取得本职业三级职业资格证书后,在重型宽体客机上担任带班乘务长5年以上,经本职业二级民航乘务员正规培训达规定标准学时数,并取得结业证书。

(2)取得本职业三级职业资格证书后,连续从事本职业工作9年以上。

(3)取得本职业三级职业资格证书后,连续从事本职业工作7年以上,经本职业二级民航乘务员正规培训达规定标准学时数,并取得结业证书。

1.8.3 鉴定方式

分为理论知识考试和技能操作考核。理论知识考试采用闭卷笔试方式,技能操作考核采用模拟现场操作和口试等方式。理论知识考试和技能操作考核均实行百分制,成绩皆达到60分及以上者为合格。

各级民航乘务员技能操作考核分为3~4个鉴定模块,每个模块的考核成绩均达到本模块分值的60%(含)以上为合格。

二级民航乘务员还须进行综合评审。

1.8.4 考评人员与考生配比

理论知识考试考评人员与考生配比为1∶15,每个标准教室不少于2名考评人员;技能操作考核考评员与考生配比为1∶3,且不少于5名考评员;综合评审委员不少于5人。

1.8.5 鉴定时间

理论知识考试时间为 90 分钟；技能操作考核时间不少于 40 分钟；综合评审时间不少于 30 分钟。

1.8.6 鉴定场所设备

理论知识考试在标准教室进行；技能操作考核在乘务模拟舱中进行。

2. 基本要求

2.1 职业道德

2.1.1 职业道德基本知识

2.1.2 职业守则

(1) 遵纪守法，诚实守信；

(2) 爱岗敬业，忠于职守；

(3) 保证安全，优质服务；

(4) 钻研业务，提高技能；

(5) 团结友爱，协作配合。

2.2 基础知识

2.2.1 民用航空及主要航空公司概况

(1) 中国民用航空概况

(2) 中国主要航空公司概况

(3) 国际民航组织概况

(4) 国际航空运输概况

2.2.2 地理知识

(1) 中国地理一般知识

(2) 中国各省、自治区、直辖市、特别行政区简介

(3) 世界地理一般知识

(4) 世界部分国家、城市简介

2.2.3 航行一般知识

(1) 航线知识

(2) 航空机械

(3) 航空气象

(4) 航空卫生

2.2.4 宗教礼俗

(1) 基督教

(2) 佛教

(3) 伊斯兰教

(4) 犹太教

2.2.5 各地礼俗

(1) 中国少数民族的风俗习惯

(2) 部分国家的风俗习惯

(3) 部分国家和地区的饮食习惯
(4) 部分国家的国花、国鸟和国树
(5) 重要节日

2.2.6 礼仪知识
(1) 仪容
(2) 仪表
(3) 仪态
(4) 礼貌
(5) 礼节

2.2.7 航空旅客心理常识
(1) 航空乘客心理研究的意义
(2) 马斯洛需求层次理论
(3) 心理服务的要素
(4) 乘务员心理品质的培养

2.2.8 机组资源管理
(1) 人为因素概述
(2) 机组资源管理概述
(3) 差错管理及预防对策

2.2.9 航空运输常识
(1) 旅客交运行李及手提物品规定
(2) 航班不正常情况的一般规定
(3) 客票使用的一般规定
(4) 定座的一般规定
(5) 退票的一般规定

2.2.10 相关法律法规
(1)《中华人民共和国民用航空法》相关知识
(2)《中华人民共和国安全生产法》相关知识
(3)《中华人民共和国劳动法》相关知识
(4)《中华人民共和国合同法》相关知识
(5)《中华人民共和国治安管理处罚法》相关知识

2.2.11 常用术语
(1) 民航乘务员专业术语
(2) 民航乘务专业英文代码的含义
(3) 民航乘务专业常用词汇中英文对照

3. 工作要求

本标准对五级、四级、三级和二级民航乘务员的专业能力要求依次递进，高级别涵盖低级别的要求。

3.1 五级乘务员

职业功能	工作内容	技能要求	相关知识
一、客舱服务	(一)旅客登机前准备	1. 能检查经济舱、厨房、洗手间等服务设施状况 2. 能检查经济舱食品、酒水、卫生等服务用品配备状况 3. 能检查经济舱卫生状况	1. 预先准备程序及要求 2. 服务设施检查标准 3. 服务设施管理标准及要求 4. 客舱服务管理 5. 清舱规定
	(二)起飞前准备	1. 能迎接旅客并引导入座 2. 能为旅客提供报纸、杂志 3. 能指导旅客摆放行李 4. 能操作客舱门分离器	1. 旅客行李物品存放与保管的要求 2. 特殊行李占座规定 3. 报纸、杂志分发程序及标准 4. 分离器操作规定
	(三)空中服务	1. 能在正常情况下进行两种语言广播 2. 能指导旅客使用客舱服务设施 3. 能保持经济舱客舱、厨房、洗手间清洁 4. 能指导旅客填写短程航班海关、边防、检疫申报表 5. 能为老年、有成人陪伴儿童等旅客提供服务 6. 能判断和处理晕机、压耳等机上常见病 7. 能用两种语言回答航班时刻、飞行距离等航线知识的问询	1. 正常情况下广播要求 2. 服务设施操作规范 3. 客舱服务管理规定 4. 短程航班海关、边防、检疫相关规定 5. 特殊旅客服务要求 6. 机上常见病处置方法 7. 航线知识
	(四)餐饮服务	1. 能识别橙汁、可乐等常见酒水中英文名称 2. 能为经济舱旅客冲泡茶水、咖啡 3. 能为经济舱旅客提供酒水服务 4. 能识别特殊餐食的代码 5. 能烘烤经济舱餐食 6. 能为经济舱旅客提供餐食	1. 饮料定义和分类知识 2. 经济舱饮料服务标准及要求 3. 经济舱茶、咖啡冲泡的要求和方法 4. 特殊餐食代码和供应标准 5. 烘烤餐食的方法和要求 6. 经济舱餐食服务标准
	(五)落地后管理	1. 能处理飞机滑行期间旅客站立、开启行李架等不安全行为 2. 能对经济舱客舱、厨房、洗手间进行清舱检查	1. 落地后安全管理规定 2. 清舱规定
二、安全保障	(一)应急设备检查与使用	1. 能识别应急设备标示及中英文名称 2. 能检查和使用灭火瓶、氧气瓶应急设备 3. 能在正常和应急情况下开启、关闭舱门、应急出口	1. 应急设备中英文名称 2. 应急设备标示的识别 3. 舱门、应急出口操作标准要求 4. 应急设备的使用和注意事项
	(二)安全介绍	1. 能进行氧气面罩、救生衣等客舱安全演示 2. 能对出口座位旅客进行资格评估 3. 能向老人及儿童等特殊旅客作个别简介	1. 客舱安全简介内容及方法 2. 客舱安全演示规范动作的要求 3. 出口座位管理的要求 4. 对旅客的安全简介
	(三)安全检查	1. 能对旅客安全带、行李架等进行客舱安全检查 2. 能对经济舱客舱、厨房、洗手间设备进行安全检查 3. 能处理旅客吸烟等非法行为	1. 旅客行李物品存放的要求 2. 便携式电子设备使用的限制的要求 3. 禁烟规定要求 4. 客舱安全检查标准及要求 5. 进、出驾驶舱的有关规定 6. 飞机应急撤离能力 7. 飞行关键阶段

续表

职业功能	工作内容	技能要求	相关知识
三、应急处置	(一)失火处置	1. 能处置烧水杯失火 2. 能处置烤箱失火 3. 能处置洗手间失火	失火处置方法
	(二)释压处置	1. 能判断客舱释压现象 2. 能指导、帮助旅客应对客舱释压 3. 能在释压后巡视客舱并救助旅客	客舱释压处置的工作要求和原则
	(三)应急撤离	1. 能进行陆地有准备的应急撤离 2. 能进行水上有准备的应急撤离 3. 能进行无准备的应急撤离	1. 应急撤离程序 2. 撤离时的指挥口令 3. 撤离后工作程序 4. 能引导旅客到达安全地带

3.2 四级乘务员

职业功能	工作内容	技能要求	相关知识
一、客舱服务	(一)旅客登机前准备	1. 能检查头等舱、公务舱旅客服务设施状况 2. 能检查头等舱、公务舱食品、酒水等服务用品配备状况 3. 能检查视、音频工作状态 4. 能核对机上免税品配备状况 5. 能调控客舱灯光	1. 机长职责及权限 2. 预先准备程序及要求 3. 头等舱、公务舱服务设施检查标准和操作规范 4. 头等舱、公务舱服务用品配备标准 5. 视音频检查标准 6. 免税品管理规定 7. 客舱灯光调节标准
	(二)起飞前准备	1. 能为头等舱、公务舱旅客提供迎宾服务 2. 能签收和交接业务袋、货单等随机文件 3. 能组织客舱门分离器操作	1. 登机音乐规定 2. 头等舱、公务舱旅客登机时的工作要求 3. 公邮、货单、票证箱等的签收和交接规定 4. 分离器操作规定
	(三)空中服务	1. 能在航班延误、清点旅客等特殊情况下进行两种语言广播 2. 能为重要旅客、无成人陪伴儿童等特殊旅客提供服务 3. 能为轮椅、盲人等残障旅客提供服务 4. 能指导旅客填写远程航班海关、边防、检疫申报表 5. 能按规定销售免税品 6. 能处理航班延误、餐食质量等一般问题的投诉 7. 能用两种语言回答旅客有关中转、订座、改签和行李等方面的问题 8. 能填写航班乘务组的交接单 9. 能按要求对飞机喷洒药物	1. 特殊情况下广播要求 2. 特殊旅客服务要求 3. 个人折叠式轮椅的运输规定 4. 远程航班海关、边防、检疫规定 5. 免税品销售规定 6. 一般投诉处理方法 7. 衣物污损处理规定 8. 更换座位规定 9. 冷藏药品规定 10. 遗失物品规定 11. 国内/国际航线知识 12. 中国民航主要航空公司二字代码 13. 航空运输知识 14. 乘务组交接管理规定 15. 飞机喷洒药物规定

续表

职业功能	工作内容	技能要求	相关知识
一、客舱服务	(四)餐饮服务	1. 能提供头等舱、公务舱酒水服务 2. 能识别西餐中英文名称 3. 能识别各种面包的中英文名称 4. 能提供国内头等舱、国际短程头等舱餐食服务 5. 能提供国内/国际公务舱餐食服务 6. 能提供犹太餐、儿童餐等特殊餐食服务	1. 酒水服务标准及要求 2. 头等舱、公务舱热饮冲泡的要求及方法 3. 国内头等舱、国际短程头等舱餐食服务标准 4. 国内/国际公务舱餐食服务标准 5. 烘烤餐食的方法和要求 6. 西餐菜谱中英文名称 7. 特殊餐食代码和供应标准
	(五)落地后管理	1. 能组织乘务组航后进行讲评 2. 能填写乘务日志	1. 航后讲评会要求 2. 乘务日志填写规定
二、安全保障	(一)应急设备检查	1. 能组织检查客舱应急设备 2. 能填写《客舱设备维修记录本》	1. 客舱应急设备检查标准、方法及报告程序 2.《客舱设备维修记录本》填写规定
	(二)特殊情况处置	1. 能处理旅客争抢座位、行李架等纠纷 2. 能处理酗酒滋事旅客行为	1. 旅客不当行为处理原则 2. 旅客非法行为处理原则 3. 进入驾驶舱人员的限制
三、应急处置	(一)失火处置	1. 能处置衣帽间、机组休息室失火 2. 能处置客舱壁板失火 3. 能处置B-747COMBI型飞机机内货舱失火 4. 能组织乘务员进行机上灭火	1. 失火处置程序 2. 与机长和乘务员的联络方式 3. 灭火结束后的善后处理
	(二)客舱释压	能组织乘务员进行释压处置	1. 释压警告信号、处置方法 2. 与机长和乘务员的联络方式 3. 释压结束后的善后工作
	(三)应急撤离	1. 能指挥乘务员进行应急撤离前客舱准备 2. 能指挥乘务员进行应急撤离 3. 能在应急情况下用两种语言进行广播	1. 应急撤离的原则和程序 2. 与机组的联络方式 3. 安全地带选择的要求 4. 应急情况下广播要求
	(四)反劫机处置	1. 能使用机组联络暗语通报情况 2. 能稳定劫机者情绪 3. 能按反劫机处置预案进行处置	1.《中华人民共和国安全保卫条例》部分条款 2.《中华人民共和国刑法》关于对劫机犯处罚条款 3. 反劫机处置预案 4. 海牙公约《制止非法劫持航空器公约》部分条款
	(五)应急医疗处置	1. 能处置晕厥、休克、癫痫等机上常见病 2. 能实施心肺复苏 3. 能实施止血、包扎、固定、搬运等外伤急救 4. 能签收、固定旅客医用氧气瓶	1. 机上常见病症处置方法 2. 机上急救设备 3. 一般应急医疗知识 4. 特需应急医疗知识 5. 旅客医用氧气运输规定
	(六)危险品处置	1. 能识别易燃液体、腐蚀性物品等危险品标识和标签 2. 能按规定程序报告机上危险品位置、外观、体积、数量等信息 3. 能使用生化隔离包	1. 国内、国际有关危险品的法律和法规 2. 危险品运输的一般宗旨和限制条款 3. 机上危险品事故应急处置程序及方法

3.3 三级乘务员

职业功能	工作内容	技能要求	相关知识
一、客舱服务	(一)空中服务	1. 能处理旅客因飞机周转造成延误、更换机型等投诉 2. 能处理遣返旅客、无签证过境旅客等特殊情况 3. 能为担架旅客提供服务	1. 与旅客沟通技巧 2. 非正常旅客处理规定 3. 担架旅客运输规定 4. 中国民用航空旅客、行李国际运输规则 5. 世界部分航空公司二字代码
	(二)餐饮服务	1. 能提供国际远程航班头等舱餐食 2. 能调制血马利、金汤尼等鸡尾酒 3. 能识别各种色拉汁的名称及产地 4. 能识别各种奶酪的名称及产地	1. 国际远程航班头等舱供餐标准 2. 鸡尾酒的调制方法及调制程序 3. 色拉汁的名称及产地 4. 奶酪的名称及产地
二、安全管理	(一)设备管理	1. 能处理空中舱门漏气、内话机等客舱设备故障 2. 能使用自动体外除颤仪等极地运行设备	1. 空中舱门漏气、内话机故障、安全带禁止吸烟信号灯故障的处理方法 2. 极地运行规范要求
	(二)特殊情况处置	1. 能处理旅客故意伤害他人、盗窃损坏机上应急设备、设施等非法行为 2. 能处理旅客寻衅滋事、破坏公共秩序等不当行为 3. 能固定失能的机组人员 4. 能填写机上事件报告单	1. 旅客非法行为处置程序 2. 旅客不当行为处置程序 3. 机上指挥权接替 4. 机组人员失能处置程序 5. 重大事件报告程序 6. 东京公约《关于在航空器内犯罪和某些其他行为的公约》 7. 蒙特利尔公约《制止危害民用航空安全的非法行为的公约》
三、应急处置	(一)客舱排烟	能进行客舱烟雾的空中排放	客舱烟雾的空中排放程序
	(二)应急撤离	1. 能用天然材料组成地对空求救信号 2. 能用手电筒、反光镜等工具发出求救信号 3. 能寻找可食用的食物和水源	1. 应急求救信号与联络方式 2. 求生工具的使用方法 3. 陆地、水上、丛林、极地求生技巧
	(三)应急医疗处置	1. 能处理痢疾、流行性感冒等常见传染病 2. 能处理食物中毒、气道堵塞等机上常见病 3. 能处理机上死亡事件 4. 能填写机上急救报告单	1. 传染病种类、症状及预防措施 2. 食物中毒、气道堵塞等机上常见病处置方法 3. 机上死亡事件处置方法 4. 机上急救报告单填写规定
	(四)危险品处置	能运用《飞行中客舱内危险品事故征候检查单》对机上危险物品进行处置	危险品运输知识
四、培训指导	(一)指导操作	能指导五级、四级民航乘务员进行实际操作	培训教学基本方法
	(二)理论培训	能讲授本专业理论知识	

3.4 二级民航乘务员

职业功能	工作内容	技能要求	相关知识
一、服务管理	(一)组织与实施	1. 能编写客舱服务计划方案及实施办法 2. 能按照实际需要提出人员调配和岗位设置的建议方案 3. 能组织、开展客舱服务演练 4. 能制定乘务员各岗位工作标准、考核办法 5. 能对航班服务质量进行评估，提出改进方案 6. 能组织开发服务产品	1. 服务计划制订要求 2. 客舱乘务员行业标准 3. 航班服务质量调查方法 4. 航班检查的工作方法 5. 服务产品开发知识
	(二)情况处置	1. 能分析航班服务存在问题的原因，并提出解决措施 2. 能提出专、包机服务方案的具体措施，并监控和总结	1. 旅客心理学 2. 公共关系能力在客舱服务工作中的应用 3. 机组资源管理知识
二、安全管理	(一)组织与实施	1. 能提出有关客舱空防安全的措施和建议 2. 能编写客舱安全预案 3. 能组织实施应急撤离演练	1.《中华人民共和国民用航空法》 2.《中华人民共和国航空安全保卫条例》 3.《大型飞机航空运输承运人运行合格审定规则》
	(二)情况处置	1. 能分析航班工作中存在客舱安全问题的原因并提出解决办法 2. 能在突发应急医疗事件中指挥、组织、协调乘务员有序工作 3. 能在劫机、炸机等突发应急事件进行处置	1. 应急医疗知识 2.《中华人民共和国治安管理处罚法》 3.《中华人民共和国刑法》关于对劫机犯的处罚 4.《国际民用航空公约》(芝加哥文件)
三、培训指导	(一)理论培训	能编写培训大纲、教案	
	(二)指导操作	1. 能指导三级民航乘务员进行实际操作 2. 能指导新晋级的主任乘务长进行实际操作	1. 职业培训的辅助设备、要求 2. 培训教案及大纲
	(三)理论研究	1. 能编写服务产品计划书 2. 能为新机型引进提供客舱布局参考建议	1. 服务产品开发知识 2. 客舱布局知识 3. 客舱工作知识

4. 比重表

4.1 理论知识

项目		五级(%)	四级(%)	三级(%)	二级(%)
基本要求	职业道德	5	5	5	5
	基础知识	20	15	10	5
相关知识	客舱服务	25	30	30	—
	安全保障	25	20	—	—
	应急处置	25	30	25	—
	安全管理	—	—	20	40
	服务管理	—	—	—	40
	培训辅导	—	—	10	10
合计		100	100	100	100

4.2 技能操作

项目		五级(%)	四级(%)	三级(%)	二级(%)
技能要求	客舱服务	30	40	30	—
	安全保障	30	20	—	—
	应急处置	40	40	40	—
	安全管理	—	—	25	45
	服务管理	—	—	—	45
	培训辅导	—	—	5	10
合计		100	100	100	100

第四篇

影响民航的其他法律法规

1. 进出口飞机、机员、旅客、行李检查暂行通则

（1951年5月24日政务院公布）

一、为统一进出口飞机、机员、旅客、行李检查工作，以保证飞航安全，维护国境治安，防止病疫传染，查禁走私，特制定本通则。

二、下列机关得按其主管业务范围，对进出口飞机、机员、旅客、行李物品施行检查：

（一）航空站（在未设民航管理机关的地区为民航局委托的空军站或空运业务机关，下同）负责检查外籍飞机飞航国境证件，飞机登记证书，飞机适航证书，机上无线电机执照，机员执照，飞航日记簿。

（二）公安机关，负责检查旅客护照证件，并配合海关（或关）同时检查旅客与机员所带行李物品，必要时得对个别可疑旅客或机员进行单独检查。

（三）检疫机关（在未设检疫机关的地区为当地卫生防疫机关，下同）负责检查机员、旅客病疫，飞机卫生设备及有关病疫预防工作和证件。

（四）海关（或关）负责检查旅客与机员所携行李物品与检查机上等有关查禁走私事项。必要时，得对于有走私嫌疑的机员及旅客，施行个别检查。

空运业务机关为保证飞航安全，对旅客所带行李物品（包括附带于身上者）认为需要察看时，以于公安机关或海关（或关）检查时同时察看为原则。

其他机关除经政务院特准者外，不得进行检查。

三、机员、旅客及行李物品，无论进出口，如无特殊情形，均以检查一次为原则。

（一）来自国外者，在入境后第一个降落的航空站施行检查，前往国外者，在国境内最后经停的一个航空站施行检查；

（二）进出国境，非随身携带的行李物品，得分别在起运站或到达站施行检查。

四、飞机进出口的时间，及其降落地点，由空运业务机关在当地所设之机关（其在当

地未设机关者为当地航空站）负责预先通知各有关检查机关，按时依第二条之规定，同时进行联合检查。

五、飞机进口降落后或出口起飞前，机长或空运业务机关在当地所设之机关应具备载有机员及旅客姓名的仓单二份，以一份转交海关（或关）以一份由航空站转交各有关检查机关共同查阅，其他检查机关不得直接向机长或上述机关索取。

六、对各国外交人员的检查，依中央人民政府外交部之规定办理。

七、航空站及空运业务机关人员对当地各有关机关执行检查时应予协助。

八、本通则所称之检查系指第二条所列各款而言，其他如当地民航管理机关，空运业务机关对于飞机、海关（或关）对于货运监管、查验、征税等另有规定者，仍依照其规定，由各该主管机关办理。

九、国内来往飞机及其机员、旅客、行李物品，以不施行检查为原则；但有下列情形之一者，得由有关机关，通过空运业务机关，施行检查。

（一）飞机往来走私严重地区时。

（二）有特殊情形必须施行检查时。

以上检查，限于起运站施行，给予凭证，在到达站验证放行，不再检查。

十、在空运经常通航地点，由当地空运业务机关负责主持定期召集联合检查会议，由当地海关（或关）及公安、检疫、航空站各机关代表参加，会商有关检查工作中所发生的问题，并研究讨论如何统一步骤，分工配合及简化手续等事宜。

十一、飞机进出口的许可由航空站统一办理，其他机关一律不得借故阻留，如有特殊事故须禁止其降落或延缓其起飞时间者，必须通过航空站执行之。

十二、本通则公布施行后，中央各有关检查机关应即各就其主管业务范围，将对进出口飞机、机员、旅客、行李物品所有应行禁止限制取缔事项及规章法令通知民航局转知各空运业务机关，公告周知，其修改时亦同。

十三、本通则经政务院公布施行，过去各地原有检查办法与本通则有抵触者，即予废除。

2. 关于民用机场土地使用和管理有关问题的通知

［1988年12月15日国家土地管理局、中国民用航空局
国土（籍）字〔1988〕第186号公布］

为了保障民用航空器的航行安全，确保民用机场设施正常运行，严格管理和合理利用机场范围（含通讯导航地段）内的土地，根据《中华人民共和国土地管理法》，结合民用机场的实际情况，对民用机场土地的使用和管理作如下通知：

1. 每个民用机场管理机构（体制改革后即为机场）都要根据当地土地利用总体规划和城市建设规划以及航空业务发展的需要，制订本机场的总体规划，经民航局批准后，组织实施。

驻机场内的所有单位和个人，都必须服从机场总体规划。

2. 任何单位和个人使用民用机场范围内的土地，须事先征得机场管理机构同意，经当地政府土地管理部门审核、批准，注册登记，领取国有土地使用证后，方可使用。

现已驻机场单位的用地范围和数量，由驻机场单位向机场管理机构提出用地意向，并进行协商，经机场管理机构根据总体规划的要求初步核实后，汇总上报民航局批准。各驻机场单位可据该批准文件向当地政府土地管理部门申请办理土地登记手续，确认土地使用权。

3. 依法使用民用机场范围内土地的单位和个人，必须严格按照土地登记和使用证上规定的用途使用土地。改变用途时，须事先商得机场管理机构的同意，报当地政府土地管理部门审查批准。

4. 依法取得土地使用权的单位和个人，在民用机场范围内兴建建筑物和设施，其位置、高度须符合机场总体规划和飞行安全、环保、防水等有关规定。

5. 使用民用机场范围内土地的单位和个人撤离机场时，其在机场的建筑物和设施应予拆除，或按质论价交给机场管理机构，不得出租、转让或擅自改作他用。其土地使用权由当地政府土地管理部门收回，可划拨给机场使用。

6. 土地管理部门给民用机场范围内的土地使用者登记核发土地使用证时，应会同机场管理机构根据上述各条，具体注明土地用途和有关要求。

7. 对核准报废的机场以及因机场迁移等不再使用、废弃或多余的土地，按《土地管理法》、《土地复垦规定》等有关法规执行。

8. 自本通知下达之日起，中国民航局以（86）民航局字第 253 号文颁发的《民用机场管理暂行规定实施办法》的第四十二、四十三、四十四、四十五条即行废止。

3. 机场周围飞机噪声环境标准

本标准为贯彻《中华人民共和国环境保护法（试行）》，控制飞机噪声对周围环境的危害而制订的。

一、主题内容与适用范围

本标准规定了机场周围飞机噪声的环境标准。
本标准适用于机场周围受飞机通过所产生噪声影响的区域。

二、引用标准

引用标准为：GB 9661 机场周围飞机噪声测量方法。

三、评价量

本标准采用一昼夜的计权等效连续感觉噪声级作为评价量,用 Lwecpn 表示,单位为 dB。

四、标准值和适用区域　dB

一类区域≤70（标准值）　　二类区域≤75（标准值）

一类区域：特殊住宅区，居住、文教区。二类区域：除一类区域以外的生活区。本标准适用的区域地带范围由当地人民政府划定。

五、测量方法

本标准是户外允许噪声级。测点要选在户外平坦开阔的地方，传声器高于地面1.2m，离开其他反射壁面1.0m以上。

测量方法、计算方法、测量仪器等按 GB 9661 的规定执行。

附加说明：本标准由国家环境保护局大气处提出。本标准由中国科学院声学研究所负责起草。本标准主要起草人郑大瑞、蔡秀兰、张玉海、赵仁兴、郭秀兰。本标准由国家环境保护局负责解释。国家环境保护局 1988-08-11 批准，1988-11-01 实施。

适用区域
最高允许标准值 dB
区域说明
一类区域
70
特殊住宅区；居住、文教区
二类区域
75
除一类区域以外的生活区

4. 航班延误经济补偿指导意见

《民航总局对国内航空公司因自身原因造成航班延误给予旅客经济补偿的指导意见（试行）》主要内容

原文题目《民航总局出台三项举措——确保全年航班正点率达到百分之八十》

■ 航班延误 4 小时以上必须即时报告当地民航管理部门

■ 航空公司因自身原因延误 4 小时以上应对旅客进行经济补偿

■ 因主观原因或客观原因延误后不作有效处理，造成航班延误 12 小时以上的，将视情节轻重暂停或撤销航班或航线经营许可权

为进一步加大工作力度，努力使全年航班正点率达到 80% 以上，民航总局最近出台了三项举措，即建立航班正常报告制度，就国内航空公司因自身原因造成航班延误给予旅客经济补偿提出指导意见（试行），明确航班正常与（航线）（航班）经营权挂钩的具体措施。

将于 7 月 1 日实行的航班正常报告制度的主要内容是：各航空公司每月 10 日前要向总部所在地地区管理局报送上月航班正常报告书，并抄报民航总局运输司，报告书由企业主要负责人签署。各航空公司内部要建立航班延误即时报告制度，根据延误程度逐级报告，及时、妥善地作出处理。凡发生延误 2 小时以上航班，必须即时报告当日值班领导；凡发生延误 4 小时以上航班，必须即时报告当地管理局和安全监管办公室，地区管理局和安监办值班领导及有关部门对延误航班的处理进行督促检查。

《民航总局对国内航空公司因自身原因造成航班延误给予旅客经济补偿的指导意见（试行）》的主要内容是：航空公司因自身原因造成航班延误，除按照《中国民用航空旅客、行李国内运输规则》的有关规定，做好航班不正常情况下的服务工作之外，还应根据航班延误 4 小时（含）以上不超过 8 小时、延误 8 小时（含）以上不同延误时间的实际情况，对旅客进行经济补偿。经济补偿可以采用多种方式。航空公司应根据并尊重旅客本人的意愿和选择，通过现金、购票折扣和里程等方式予以兑现。为避免进一步延误影响后续航班和旅客，防止空勤人员疲劳驾驶形成飞行安全隐患，经济补偿一般不在机场现场进行。航空公司可以采取登记、信函寄回等方便旅客的办法完成经济补偿。具体的补偿方法和方案由各航空公司在此框架下根据各自的情况制定。

民航总局在指导意见中还要求各机场、空管部门认真做好工作，向航空公司提供优质服务。机场要维护好候机楼内的秩序，制止旅客在航班延误后，采取"罢乘"、"占机"等过激方式，影响运输生产正常进行。

民航总局在指导意见中强调，《民航法》第 126 条对因航班延误给旅客造成的损失，承运人应当承担的责任及其免责条件作了规定。本指导意见所指"补偿"措施，属在发生航班较长时间延误的情况下，航空公司主动安抚旅客、加强服务的措施。旅客因航班延误造成损失向承运人的索赔争议，应按有关法律程序处理。

关于将航班正常与航线（航班）经营权挂钩的具体措施包括四项内容：一是对今年上半年航班正常率、航班计划执行率低于行业平均水平的航空公司，在审定下一航季航班计划时，限制其航班总量的增加。二是对前一季度航班正常率较低的航空公司，停止审批下一个季度的加班包机飞行；在运输旺季，有限制地审批加班包机飞行。三是对擅自改变所给定的航班时刻，或售票时刻与公布时刻不一致的航空公司，撤销该航班经营许可和飞行时刻。四是对因航空公司主观原因，或客观原因延误后不作有效处理，造成航班 12 小时以上延误的，视情节轻重，暂停或撤销该航班（或航线）经营许可。

5. 飞行员辞职事件中的法律问题

一、飞行员是否享有辞职权

辞职权，是指劳动者享有的单方面提前向用人单位提出解除劳动合同的权利，学理上称之为劳动者的单方解除权。因此，要想论证飞行员这一群体就必须搞清以下几个问题：飞行员是不是劳动者、飞行员与航空公司之间是否存在劳动合同关系以及飞行员身份的特殊性。

（一）飞行员是否属于劳动者

对于劳动者的概念，有最广义、广义、狭义之分。最广义的概念是指所有实际参与社会劳动的公民。例如我国《宪法》第十四条第一款中所提到的："国家通过提高劳动者积极性和技术水平……，发展社会生产力。"此处的"劳动者"即最广义的劳动者。广义的概念是指一切具有劳动权利能力和劳动行为能力的公民。而狭义的劳动者，也就是我们《劳动法》中所认定的劳动者，是指具有劳动权利能力和劳动行为能力，并且已经依法参加劳动，确立劳动关系的公民。

根据《劳动法》和《劳动合同法》相关规定，劳动者具体包括：

1. 在中华人民共和国境内的企业、个体经济组织、民办非企业单位与之形成劳动关系的劳动者。

2. 国家机关、事业单位、社会团体与之形成劳动关系的劳动者。

由此可以看出，飞行员参与社会劳动且具有劳动权利能力和劳动行为能力，明显属于最广义和广义的劳动者范畴，但其是否属于劳动法上所称的"劳动者"，还要看其与航空公司之间是否形成了劳动关系。

（二）飞行员与航空公司之间是否存在劳动关系

劳动关系，又称社会劳动关系。一般包括两类：一是指劳动者与其他劳动者和社会组织因社会劳动发生的关系。二是指劳动者与用人单位发生的劳动关系。很明显，飞行员为航空公司工作的行为是一种社会劳动，因此要想论证其是否为劳动关系，我们首先需要区分一组概念——劳动关系和劳务关系。

根据有关学者的论述，劳动关系与劳务关系的本质的区别在于：提供劳动的一方是不是单位的成员，是不是以单位职工的身份参加劳动，是不是需要遵守用人单位的内部劳动规则。劳动关系的主体具有特定性（即用人单位与劳动者），同时劳动关系还具有很强的隶属关系，而劳务关系的主体之间是平等的，并没有隶属关系。飞行员是作为航空公司内部工作人员，依照航空公司内部安排完成飞行任务并遵守航空公司内部各项制度。因此其必为航空公司的成员，并且以航空公司职工身份进行着各项飞行活动。其对航空公司内部各项制度的遵守更是说明了二者的隶属关系。因此不难看出，飞行员与航空公司之间属于劳动关系，而非劳务关系。

事实上，现实中由于工作性质的关系，飞行员也均与航空公司签署了合同，明确地规定了双方权利义务，因此还存在着劳动合同关系。

以上事实均证明，飞行员是劳动者，航空公司为用人单位，二者之间存在劳动关系，应受劳动法调整。也就是说，飞行员应依法享有辞职权。

二、飞行员如何行使辞职权

既然飞行员与航空公司存在着劳动关系，飞行员也享有辞职权，那么辞职权应如何行使呢？

一般来说，辞职权包括两者：其一，单方预告解除权。即劳动者有条件辞职的情况，如我国《劳动合同法》第三十七条规定："劳动者提前三十日以书面形式通知用人单位，可以解除劳动合同。劳动者在试用期内提前三日通知用人单位，可以解除劳动合同。"也就是说，劳动者只需在法律规定的时段内以合法方式通知用人单位就能辞职。

其二，单方及时解除权。即劳动者的无条件辞职权，如《劳动合同法》第三十八条规定："用人单位有下列情形之一的，劳动者可以解除劳动合同：

（一）未按照劳动合同约定提供劳动保护或者劳动条件的；

（二）未及时足额支付劳动报酬的；

（三）未依法为劳动者缴纳社会保险费的；

（四）用人单位的规章制度违反法律、法规的规定，损害劳动者权益的；

（五）因本法第二十六条第一款规定的情形致使劳动合同无效的；

（六）法律、行政法规规定劳动者可以解除劳动合同的其他情形。

用人单位以暴力、威胁或者非法限制人身自由的手段强迫劳动者劳动的，或者用人单位违章指挥、强令冒险作业危及劳动者人身安全的，劳动者可以立即解除劳动合同，不需事先告知用人单位。"也就是说，在上述几种情况下，劳动者不需要通知用人单位即可"走人"。

事实上，飞行员与航空公司之间的劳动合同大多属于无固定期限劳动合同，即用人单位与劳动者约定无确定合同终止时间的劳动合同。但是，此种合同也是可以解除的。那么飞行员辞职是否需要征得航空公司的同意呢？辞职权是劳动者单方面解除劳动合同的权利，其性质是形成权，虽然其行使受到一定条件和程序的制约，但只要劳动者满足了法律规定的条件和程序，其劳动合同即被依法解除，因此不需用人单位同意。

由此可以看出，飞行员辞职只需提前三十日以书面形式通知用人单位，即所在的航空公司，便可解除合同。

三、飞行员辞职后是否要赔偿原航空公司培训费用

既然飞行员辞职属于合法行为，并不存在违约情况，为什么会遭到"天价赔偿"呢？这要从其职业的特殊性来理解。

飞行员被称为特殊劳动者，原因之一在于其稀缺性。其表现为飞行员劳动力市场的供不应求。有资料统计，中国民航业正以每年12%至14%的速度增长，未来五年间，飞行员缺口将达到1万名，到2015年，这一缺口将高达1.8万名。培养一名飞行员的周期可能长达7年左右，航空公司为其提供的培训费至少124万元，且飞行员的从业资格极其严格，能成为飞行员者凤毛麟角。总的概括来说就是，飞行员人力资本形成的高投入性、飞行员数量供需的高稀缺性、飞行员行业秩序的高外部性以及飞行员作业的高危险性共同构成了飞行员辞职面临"天价索赔"的局面。

有关培训费问题，我国法律有下列规定。

我国《劳动合同法》第二十二条规定：用人单位为劳动者提供专项培训费用，对其进行专业技术培训的，可以与该劳动者订立协议，约定服务期。

劳动者违反服务期约定的，应当按照约定向用人单位支付违约金。违约金的数额不得超过用人单位提供的培训费用。用人单位要求劳动者支付的违约金不得超过服务期尚未履行部分所应分摊的培训费用。

用人单位与劳动者约定服务期的，不影响按照正常的工资调整机制提高劳动者在服务期期间的劳动报酬。

《劳动合同法实施条例》第十六条：劳动合同法第二十二条第二款规定的培训费用，包括用人单位为了对劳动者进行专业技术培训而支付的有凭证的培训费用、培训期间的差旅费用以及因培训产生的用于该劳动者的其他直接费用。

根据飞行员与航空公司之间签订的劳动合同书关于"劳动者在职期间用人单位出资对其进行职业技术培训的，劳动者在服务期内要求解除合同时，用人单位可向劳动者收取培训费用，包括培训期间工资和招接收费"的规定，由于飞行员与航空公司签订的是无固定期限劳动合同，且合同中未对服务期作出特别约定，因此在任期内申请辞职解除劳动关系应视为在服务期内提前解除合同，依照约定辞职飞行员应承担航空公司培训等费用损失的赔偿责任。

四、培训费用如何计算

由于用人单位对员工的培训是一种投入，所以必然要求有回报，这种回报的表现形式之一便是规定接受培训者为本单位的服务期限，以及违反服务期限对培训费的经济赔偿。再加之飞行员职业的特殊性以及培训费用的高昂，使得二者之间为培训费而发生的纠纷和矛盾越来越多，并且已经成为劳动人事争议纠纷的"大户"。

显然，如何计算辞职后的赔偿数额成了解决飞行员流动之困的核心问题。然而《劳动合同法》对此却留下了法律空白，仅规定违约金不超过服务期尚未履行部分所应分摊的培训费用。因此，用人单位往往将所有培训费用计算在赔偿基数中，但许多培训是航空公司的法定义务，实质上费用不属于培训费，故许多飞行员为航空公司的义务买了单。

针对培训费，我认为以下几点需要明确：

其一，有关培训费赔偿问题里，不包括进单位的"入门教育"，也不包括单位为调整人员和岗位而进行的转岗培训。

其二，这里所称的培训费应当是用人单位有付费凭证的实际支出，其主要包括单位支付的学杂费，若公费出国培训或异地培训的，还可以酌情收取一定比例的往返交通费和在外期间的生活补贴费用。有些用人单位在培训尚未进行、培训费尚未有实际支出时，就在劳动合同中"预定"培训费的数额和赔偿方法，这种做法是违反有关规定的，因此是无效的。

其三，当劳动合同期满，合同自然终止时，用人单位不应收取培训费；在合同的试用期内解除合同的，用人单位也不能收取培训费。

其四，如果用人单位和劳动者之间订有专门的培训协议，那么培训费的赔偿，原则上按协议的规定处理。但是由于用人单位是员工接受培训的受益者之一，所以不分服务年限的"一口价"是不合理的，应采取逐年递减原则。根据劳动人事部门的有关规定，计算方法如下：接受培训后服务不到5年的，每服务满1年，递减培训赔偿费的20%，服务满5年后，不再赔偿培训费；如果合同期不满5年的，在合同期内跳槽的，可以按合同期的年限，逐年递减。因此关于飞行员辞职后的培训费赔偿问题，法院在审理他们的案件时，应该让航空公司和飞行员共同举证，拿出实际花费的票据，然后判决一个合理的数额。根据会计成本核算，飞行员创造的价值如果已折抵了培训费，这些费用早已摊在了消费者身上，凭空"升腾"的培训费缺少合理的赔偿依据。因此相关部门应该出台相关规定，明确哪些费用是必须赔的，哪些是不需要赔的，这样才能更好地处理飞行员与航空公司之间的问题。

参 考 文 献

[1] 赵维田著. 国际航空法. 北京：社会科学文献出版社，2000.
[2] 刘亚军著. 国际民航组织简介. 专题报告，2000.
[3] 刘伟民主编. 航空法教程. 修订版. 北京：法律出版社，2001.
[4] 曹三明，夏兴华主编. 民用航空法释义. 沈阳：辽宁教育出版社，1996.
[5] 班永宽著. 世界航空安全与事故分析. 第五集：航空事故与人为因素. 北京：中国民航出版社，2002.
[6] 夏顺义主编. 中国民用航空专业法规概要. 北京：中国民航出版社，1995.